华说 /著

经济学看历史
封建·钱荒·小农经济

Viewing History From Economics

Feudalization

Scarcity of Money

Small-scale Peasant Economy

北京大学出版社
PEKING UNIVERSITY PRESS

图书在版编目(CIP)数据

经济学看历史:封建·钱荒·小农经济/华说著. —北京:北京大学出版社,2023.1

ISBN 978-7-301-33548-2

Ⅰ.①经… Ⅱ.①华… Ⅲ.①中国经济史—研究 Ⅳ.①F129

中国版本图书馆 CIP 数据核字(2022)第 203677 号

书　　名	经济学看历史：封建·钱荒·小农经济 JINGJIXUE KAN LISHI: FENGJIAN·QIANHUANG·XIAONONG JINGJI
著作责任者	华　说　著
责任编辑	魏冬峰
标准书号	ISBN 978-7-301-33548-2
出版发行	北京大学出版社
地　　址	北京市海淀区成府路 205 号　100871
网　　址	http://www.pup.cn　新浪微博：@北京大学出版社
电子信箱	zpup@pup.cn
电　　话	邮购部 010-62752015　发行部 010-62750672 编辑部 010-62750673
印刷者	三河市北燕印装有限公司
经销者	新华书店 965 毫米×1300 毫米　16 开本　16.5 印张　185 千字 2023 年 1 月第 1 版　2023 年 12 月第 2 次印刷
定　　价	68.00 元

未经许可，不得以任何方式复制或抄袭本书之部分或全部内容。
版权所有，侵权必究
举报电话: 010-62752024　电子信箱: fd@pup.pku.edu.cn
图书如有印装质量问题，请与出版部联系，电话: 010-62756370

自　　序

荀子云:"人之生不能无群,群而无分则争,争则乱,乱则穷矣。故无分者,人之大害也;有分者,天下之本利也。"(《荀子·富国篇》)又云:"礼起于何也?曰:人生而有欲,欲而不得则不能无求。求而无度量分界则不能不争;争则乱,乱则穷。先王恶其乱也,故制礼义以分之,以养人之欲,给人之求。使欲必不穷于物,物必不屈于欲。两者相持而长,是礼之所起也。"(《荀子·礼论篇》)

说得很清楚。荀子以为,"礼",起于人与人之间的"争",其用途是平息人与人之"争",方法是"分",即将人们分门别类,界定为不同的尊卑等级。人与人之"争",则源自两方面的因素:一是"不能无群";一是"生而有欲"而"不得"。

以经济学观之,荀子此论甚为正确。显而易见,荀子所说的"礼",是一种制度安排;所说的"争",是人与人之间的竞争。这竞争的由起,荀子归因为群居而有欲求。"礼"的出现,则是为了约束人与人之"争"。这一思想,与现代经济学的看法殊途同归。经济学认为,凡有社会,必有竞争,凡有竞争,必有制度。所谓社会,是指多过一人,即群居也;所谓竞争,便是指人与人之间的竞争。竞争因何而起?人多而又资源稀缺也。僧多粥少,竞争于是乎无可避免。竞争而没有规则,人类无从生存。也即是说,人与人之间的竞争行为必须受到规则约束,这规则,便是制度。

为了约束人与人之间的竞争,人类发明了各式各样的制度,市场是其中最为常见的一种。在市场上,同一物品,从需求者这一面看,是价高者得;从供应者这一面看,是价低者胜。因此,价格是决定胜负的竞争准则。市价决定胜负的竞争准则,唯有在市场上才会出现。传统经济学研究和分析的,主要就是市场这一制度安排,其核心内容,是基于市场的资源使用和收入分配。

然而,市场不是制度的全部,而不过是其中一种而已。放眼人类社会,其他非市场的形形色色的制度安排多矣。因此之故,基于市场也即是基于市价决定胜负的竞争准则的传统经济学,其所能解释的人类行为和现象,"多乎哉?不多也"。道理简单,市价决定胜负的经济活动只是人类经济活动的一部分,远非全部。传统经济学解释能力有限,范围狭窄,固其宜矣。兴起于20世纪60年代的"新制度经济学"欲济传统经济学之穷,试图将基本的经济学原理扩展至所有的人类社会制度安排,也即是不再局限于市价决定胜负的竞争准则,而是普覆至各色各样的竞争准则,使得经济学的分析能力为之跃升,可以解释人类社会的一切行为和现象。其中的关键,恰如张五常所言,是在资源使用和收入分配之外,引入了"合约安排"——合约与制度是同义词,合约安排即制度安排,从而弥补了传统经济学的"缺环"。

合约理论的引入,一扫传统经济学的困境,令经济学的境界骤然开阔。其解释力从市场制度扩展至非市场制度,从市价决定胜负的竞争准则笼盖至其他五花八门的竞争准则,凡是人类之行为和现象,皆可阐释。经济学遂真正成为一门研究人类行为和现象的科学。

"人事有代谢,往来成古今。"历史,作为过去的人类社会的行为和现象,当然是经济学的应用场景之一。经济学说得清楚,产权和交易费用的局限决定合约安排的选择,而合约安排又决定着人们的行为选择。因此,欲了解历史,从合约安排的角度入手,往往有事半功倍之效。本书对众多历史问题的解答,几乎都是循着这一理论路径。不论是封建制度下国人、野人的分辨、春秋霸主崛起于边陲的地理之谜、古代中国如何从封建制走向中央集权制的路径选择,还是对汉代盛产伪孝子和"王莽改制"失败,对宋朝鼓励人们喝酒,元代全面推行纸币、明代漕运没有选择海运的探究,以及对"抑商"传统和延续两千多年的"小农经济"的诠释,无一不是"合约安排"的审视和观照。

自然,仁者见仁,智者见智。以经济学原理来解释历史,只是解读历史的一种角度或者说一个维度,不是唯一的角度和维度,但无疑是重要的,倘若要深入地了解历史的来龙去脉,这一角度和维度是不可或缺的。我以为,也深信如此。

是为序。

目 录
CONTENTS

自序 / 001

一 "体国经野":国人、野人究竟是什么人? / 001
    从土地权利看封建制度 / 003
    国人的活跃与野人的沉默 / 006
    "公田"与"私田"的诠释 / 011

二 争霸中原:春秋霸主为什么崛起于边陲? / 015
    "竞争说"与"文化说"经不起推敲 / 018
    封建制度抑制中原诸国崛起 / 022

三 王权困境的突围:古代中国如何从封建制走向中央集权制? / 029
    "封建"构建国家雏形 / 031
    封建制度下的王权困境 / 035
    列国争霸催生新的制度安排 / 039
    封建的反动之一:"县"的创设 / 041
    封建的反动之二:"谷禄"制度的兴起 / 046
    封建的反动之三:"履亩而税" / 049
    结论 / 053

四 "六王毕,四海一":统一中国的为什么是秦国? / 057

水患、战祸促成"天下归一" / 059

武功最盛是秦国胜出之因 / 065

兼并之后的"坚凝"之术 / 071

五 "举孝廉,父别居":汉代为何盛产伪孝子? / 077

许氏三兄弟的入仕之道 / 080

"举孝廉"与"孝子"的竞争 / 082

六 据经而从事:"王莽改制"为什么失败? / 087

改革的本质是制度安排的替代 / 091

"改名运动":混乱与战端 / 093

土地改革:"天下謷謷然,陷刑者众" / 097

五均六管:"百姓俞病" / 101

币制改革:"农商失业,食货俱废" / 104

身死国灭,新朝破产 / 108

七 "欲得富,赶着行在卖酒醋":宋朝为什么鼓励人们喝酒? / 111

国家财政收入"酒课"举足轻重 / 114

宋朝酒类专卖的三种制度安排 / 117

八 "公私上下,并苦乏钱":宋朝为啥总是闹"钱荒"? / 125

"铜钱荒"与两宋如影随形 / 128

宋人对"钱荒"的三种解释 / 131

货币制度是"钱荒"的根源 / 133

九 "造极于赵宋之世":宋朝何以站上古代中国的经济巅峰? / 137

私有产权的尊重与维护 / 141

劳动力人口的自由迁徙 / 145

市场管制的瓦解与废除 / 149

开放边境与海外贸易 / 153

经济增长之源:市场的扩大与分工的深化 / 156

十 "炼金士的神秘手段":元代为什么全面推行纸币? / 161

十一 利玛窦的疑惑:明代漕运为什么没有选择海运? / 171

元朝的实践:海运成本低 / 174

明代"海运"之议无果而终 / 177

从"分粥制度"说到改制费用 / 181

十二 "士农工商":古代中国为什么轻贱商人? / 187

春秋时商人形象积极正面 / 189

"抑商"传统滥觞于战国 / 192

"流动"的职业特点乃轻贱商人之根源 / 195

十三 "三十亩地一头牛,老婆孩子热炕头":"小农经济"缘何延续了两千多年? / 203

"小农经济"延续两千多年 / 205

"附地而生"大幅降低社会治理成本 / 209

"抑商"与"抑兼并"是小农经济的逻辑必然 / 212

"抑兼并"的核心主旨为防止流民产生 / 216

"抑兼并"无果而终的根源 / 220

十四 田底与田面:"一田二主"为哪般? / 223

    从产权看"一田二主" / 226

    "一田二主"是中国历史的常态 / 227

    "一田二主"的经济逻辑及其原因 / 232

附录一 "肉食"与"鱼飧":上古社会为什么贵肉贱鱼? / 239

附录二 "畎亩之勤":一头牛在农业生产中贡献几何? / 247

参考文献 / 255

"体国经野":国人、野人究竟是什么人?

西周开创的封建制度,用《诗经·小雅·北山》的话说,是"普天之下,莫非王土;率土之滨,莫非王臣。"话虽如此,"王臣"也不能一概而论。同是"王臣",有人为诸侯,有人为卿大夫,有人为士,也有人为庶人工商;诸侯有公、侯、伯、子、男之别,卿、大夫、士又有上中下之分,庶人工商亦"皆有等衰",自上而下等级分明。换言之,生活在同一片"王土"上的"王臣"们,可以划分为不同的群体。这里讨论的,是按照居住区域划分的两类人群:国人和野人。

从土地权利看封建制度

中国历史上,封建制度实行于西周及春秋时期。所谓"封建",即是封土建国。具体而言,是"天子建国,诸侯立家,卿置侧室,大夫有贰宗,士有隶子弟,庶人工商,各有分亲,皆有等衰"。也就是周天子将土地分封给诸侯,诸侯再将土地分封给卿、大夫,卿、大夫又将土地分封给子孙和家臣……一层一层地分封下去,到士为止。因此,虽然说"普天之下,莫非王土",但这"王土"实际上被分割成无数大大小小的地块。在这大大小小的地块上，每一个地块都有着各自的主人——周天子、诸侯、卿、大夫、士，不一而足。诸侯、卿、大夫在其封地之内拥有完全的政治、经济和军事权力，是一个独立的政治、经济和军事之实体。

"劳动是财富之父，土地是财富之母。"这是英国古典经济学家威廉·配第的一句名言。说得很对：人类社会最重要的资源或者资产，不外乎土地和人。资产有四权，所有权、使用权、收入权和转让权。经济学认为，资产四权中，所有权不重要，重要的是使用权、收入权和转让权，后者界定清楚，便是"私产"。这是因为经济学着眼的，是资源的使用效率，所有权之有无对其毫无影响。但从财富的角度看，所有权是重要的。譬如说，一块土地而有甲乙两人，土地判给甲所有，甲较富裕；判为乙所有，乙较富裕。

以经济学的视角观之，所谓封建制度，其实是土地权利的一种制度安排：在该制度下，天下一切土地的所有权，皆归于周天子；发放给诸侯的土地，其使用权和收入权归诸侯所有，但是，诸侯并不拥有土地转让权——不允许转让给他人。诸侯发放给卿、大夫的土地亦如是。因此，虽然周王拥有天下所有土地的所有权，但其真正掌握使用权、收入权的土地，仅限于千里"王畿"。一层一层发放给诸侯、卿、大夫、士的土地，其使用权和收入权归后者所有，后者也因此成为那些大大小小的地块的真正主人。逻辑简明：土地的使用权和收入权既界定为其所有，便是其之"私产"。对周王室而言，保留土地所有权的主要用处，是可以协助维护中央权力，维护其对各国诸侯的掌控能力。倘若某诸侯对王室不忠，有叛逆之心，周王室可以名正言顺地剥夺其封地，改封他人。而不授予诸侯土地转让权,一方面是为了将诸侯持久地绑定在某地,世代坚守,以达到拱卫王室的目的——封建的初衷,是为了"以蕃屏周";另一方面,则是为了防止诸侯通过土地兼并扩大势力范围,进而对王室形成挑战和威胁。

封建制度下的层层土地发放,至"士"而止。因此之故,士是"王土"上最小的田主。"士"以下的阶层或者人群,是与之无缘的。一言以蔽之,士及其以上的阶层,是"有田"阶级;士以下的人群,是"无田"阶级。《国语·晋语》记晋文公修内政,云"公食贡,大夫食邑,士食田,庶人食力,工商食官,皂隶食职",清楚地阐明了社会各阶层的收入来源:诸侯的收入源自封地的产出,大夫的收入来自采邑的产出,士的收入便是自家田地上的出产。庶人的"食力"、工商的"食官"和皂隶的"食职",其实是一个意思,即其收入与土地无关,他们的收入无一例外地来自自身劳动力的贡献。

为什么唯有士及其以上的阶层能够成为"有田"阶级?因为他们是征服者!西周的"封建",本质是武装殖民,是通过武力来开疆拓土。周人在向东扩张的过程中,征服了殷商旧族及其他当地土著。作为征服者,他们理所当然地取代前者而成为土地的主人,成为大大小小的"田主":周天子是最大的田主,诸侯次之,卿、大夫又次之,士最小。

除了土地之外,封建的另一个要点,是人民的分配。因为唯有土地和人这两种资产或者说生产要素结合,才会有产出和收入。光有地没有人,光有人没有地,是不会有什么产出的。所以,周天子分封诸侯,以及诸侯分封卿大夫,在发放土地的同时也会分配人民。《左传·定公四年》记载说,分给鲁侯伯禽是六族殷民,分给卫侯叔封的是另外七族殷民，分给晋侯叔虞的则是怀姓九宗，无一不是被征服的当地土著。要统治、管理他们，光靠诸侯一人或者一家当然是不可能的，他必须要带领一批本部族的人们一同前往。这些本部族的人们，便是士及其以上阶层，也即是上述所言的"有田"阶级。

国人的活跃与野人的沉默

《周礼·天官·序官》云："惟王建国，辨方正位，体国经野，设官分职，以为民极。"前面说过，同一片"王土"上，人群各各不同，有人为诸侯，有人为卿大夫，有人为士，也有人为庶人工商，这是依据社会等级划分。"体国经野"，则是另一种划分法，是按照居住地将人群分为两类：国人与野人。居住于都城及其近郊的是"国人"，居住在远郊农村的则为"野人"。

居住于都城及其近郊的"国人"究竟是些什么人？简而言之，即是前述的本部族的人们，也即是"有田"阶级。都城之内，主要是王、诸侯、卿、大夫等上层贵族，都城周围则为贵族的下层，即"士"，其构成了国人的主体。广义地说，两者均属于"国人"范畴，但一般而言，所谓"国人"，主要是指后者。

从先秦典籍的记载看，国人这一群体在历史舞台上表现得极为活跃，影响遍及政治、经济、军事等各个领域。他们有直接参与政事的权利，常参与朝会、国之盟誓。国家有大事的时候，主事者也经常征询他们的意见。《左传》《国语》记录说，春秋之时，各国国君或者执政大臣常有"朝国人""询国人""盟国人"之事；他们也有服兵役的义务和缴纳军赋的责任，是一国军队的主力，战争发生时必须冲杀在前；平时，他们则耕种着国家分配的"份地"。分配的标准，大抵是"一夫百亩"。为公平起见，土地每隔三年要重新分配一次，大家轮流耕种肥沃程度不同的田地，"肥饶不得独乐，墝埆不得独苦"。

国人于一国政局之影响力，可略举几例以明。西周末年，周厉王暴虐无道，国人怨声载道。厉王的"止谤"之道，是派人各处监视，凡发现有批评、指责者，一律处死，以至于国人无人敢说话，道路以目。三年之后，国人奋起反抗，推翻了周厉王的统治，将其流放到"彘"地；鲁定公八年，因为与晋国结盟时受辱，卫灵公想要背叛晋国，在得到大夫们的支持后，又将国人召集起来征询意见："如果卫国背叛晋国，他们连续进攻我们五次的话，我们国家会危险到什么程度？"国人回应道："即便攻打五次，我们还有能力作战。"卫灵公于是吃下定心丸，立刻背叛了晋国；鲁定公十三年，晋国世族范氏、中行氏作乱，进攻晋定公，在国人的帮助下，晋定公将他们打败。"'国人'（主要为士）在西周后期及春秋时地位极为重要。国之盛衰、胜败，国君及执政之安否，贵族之能否保其宗族及兴盛，几悉决定于'国人'。"史学家童书业的这一论断（《春秋左传研究》），可谓至言。

国人是"王土"上的主人——虽然是最小的主人，既然是主人，自然有话语权，其在政治舞台上的活跃并不令人感到奇怪。但是，国人何以有这样大的力量，竟然能够逐杀国君、执政大臣，乃至左右一国之兴衰成败？其实不复杂。前文说过，构成国人主体的是

"士",士,今人通常指文士,也就是读书人。但在西周至春秋的封建社会,士大抵是指武士、力士。《周礼·地官·保氏》云:"养国子以道,乃教之六艺:一曰五礼,二曰六乐,三曰五射,四曰五御,五曰六书,六曰九数。"足见封建贵族阶级的教育,是文武并重的,既要学习礼乐书数,也强调射御的训练,尤其是作为贵族下层的"士",是构成一国军队的主要力量,承担着保家卫国之重任,当然更侧重于射御了。"士"这一群体既为一国武力之所寄,则无论是发动对外战争还是内部争斗,对主事者而言,能否争取到国人的支持便成为决定成败的关键。因为武力的高下强弱,是决定竞争胜负的终极准则,强者胜,弱者负。自然界如此,人类社会亦如此。此所以各国国君和执政大臣频频就国家大事征询国人意见,"朝国人""询国人""盟国人"之原因所在,也是国人反抗暴政,驱逐、诛杀国君和执政大臣往往能取得胜利之原因所在。

与"国人"相对的"野人"则沉默于历史深处。史籍对国人这一群体的书写浓墨重彩,但关于"野人"的记载少之又少。不奇怪,因为历史是胜利者书写的,作史者的眼光,又大抵聚焦于精英阶层。封建社会,"礼不下庶人","野人"的生活起居、社会组织和思想信仰,自然不入其法眼了。

然则史书上面目不清的野人究竟是什么人?有人说是平民,有人说是农奴。众说纷纭,莫衷一是。余以为,野人是替王、诸侯、卿、大夫等上层贵族耕种土地的农奴。

封建制度下,土地的层层发放,至"士"而止。"士"以下的阶层无缘土地的分配,而"庶人食力"也说得清楚,野人或曰庶人的收入源自其自身的劳动力。乍看之下,野人或曰庶人类似于后世的"佃农",通过替人耕种而分享土地的一部分产出。然而,佃农与田主只是农地租约的合约伙伴,双方平等自愿地签订市场合约,在政治权利上是平等的,佃农也拥有人身和经济的独立性。但野人或曰庶人,几乎没有什么政治、经济权利,甚至连参与打仗的权利也没有——那是国人的特权!野人不过是充当杂役,从旁协助而已。

《诗经·小雅·甫田》云:"倬彼甫田,岁取十千。我取其陈,食我农人。"又云:"曾孙之稼,如茨如梁。曾孙之庾,如坻如京。乃求千斯仓,乃求万斯箱。"这位田主每年从土地上收取的粮食有上万石之多,尽归其所有,装满了"千斯仓、万斯箱",但耕种田地的农人之所食,不过是往年的陈粮。(《甫田》是周王祭祀土地神、四方神和农神的祈年乐歌,则此田主为周王,即封建制度下最大的田主)《诗经·豳风·七月》则描写了农民一整年无休止的劳动:正月修好农具,二月开始下田耕种,一直忙到八月收获时节来临,九月修筑打谷场,十月将稻谷收割进仓,接着为老爷们酿制明春上寿的酒。农事之外,还要忙着为公家修筑宫室,白天割茅草,晚上搓绳子。盖完宫室,又到了开春播谷的日子了。冬天则要外出打猎,打到狐狸,就替公子们做皮袍;打到野猪,小的可以自己留下,大的要上贡给贵族老爷。除此之外,大冬天还要到河里凿冰,将其放到冰窖里,到夏天之时拿出来给贵族老爷们降温。如果野人或曰庶人是租种田主土地的"佃农"平民,显而易见,在农业劳作之外,是不需要替田主做如此之多的事情的。《甫田》和《七月》中的农人和农夫,他们一年到头忙忙碌碌,土地上收入全部归田主所有,他们所得的,不过一个是"我取其陈,食我农人",一个是"采荼薪樗,食我农夫",吃的是陈粮、苦菜而已,农奴无疑也。

再看那首脍炙人口的《诗经·魏风·硕鼠》:

> 硕鼠硕鼠,无食我黍!三岁贯女,莫我肯顾。逝将去女,适彼乐土。乐土乐土,爰得我所。
>
> 硕鼠硕鼠,无食我麦!三岁贯女,莫我肯德。逝将去女,适彼乐国。乐国乐国,爰得我直。
>
> 硕鼠硕鼠,无食我苗!三岁贯女,莫我肯劳。逝将去女,适彼乐郊。乐郊乐郊,谁之永号?

这是农人的控诉,内心的愤恨倾泻而出,有如火山之喷发。如果野人或曰庶人是租种土地的平民,则东家不做西家做,对某田主不满,租约期满后大可寻找别的田主作为合约伙伴。而发出"逝将去女,适彼乐土"呐喊之农人,很显然是没有上述选择权利的,农奴是也。

不过,作为农奴的野人与作为田主的王、诸侯、卿、大夫之间,直接的人身依附关系似乎并不强烈。从"庶人工商,各有分亲,皆有等衰"的描述来看,他们有自己的宗族组织和等级体系。也即是说,在西周至春秋的封建社会,存在着两种不同的制度安排,分别用以约束国人和野人的行为。约束包括王、诸侯、卿、大夫、士在内的贵族阶层行为的,是以宗法制度为核心的礼制。但是,"礼不下庶人",对野人或者庶人,统治者为他们制定了另一种约束其行为的制度。该制度具体情形如何,因为史料缺乏,不得而知。

"公田"与"私田"的诠释

《诗经·小雅·大田》有句云:"有渰萋萋,兴雨祈祈。雨我公田,遂及我私。"以此观之,封建制度下有"公田"与"私田"之分。然而,什么是"公田",什么是"私田",向来聚讼纷纭,莫衷一是。

孟子的解释是"方里而井,井九百亩,其中为公田,八家皆私百亩,同养公田"。这是说,一大片土地,被划分为方方正正的九块,面积均等,各一百亩,中间一百亩为公田,由八户人家共同耕作,其余八百亩每户人家各自分得一百亩,独自耕作。这便是有名的"井田制"。然而,孟子生活的战国时代,"井田制"早已不复存在,而《孟子》之前的典籍,也少有井田制度的记载。孟子所说的"方里而井",是一种关于土地分配的制度安排。在一个农业社会,土地分配制度无疑是一个国家最重大的制度安排,如果历史上果然存在过"方里而井"的土地分配制度,史籍上不加以记录是难以想象的。再加上孟夫子又是一个"迂远而阔于事情"之人,其所言"公田""私田"之说,显然不可信也。

《国语·鲁语》记载,为增加军赋,鲁国执政大臣季康子欲实行按田亩征收租税之政策。孔子非常不满,私下对前来征询其意见的学生冉有(时为季氏的家臣)说:"先王制土,籍田以力,而砥其远迩;赋田以入,而量其有无;任力以夫,而议其老幼。于是有鳏、寡、孤、疾,有军旅之出则征之,无则已。其岁收,田一井,出稯禾、秉刍、缶米,不是过也。"从此言来看,一井田,一年要出六百四十斛小米(稷禾)、一百六十斗草(秉刍)、十六斗米(缶米)。"井",不过是一个土地的计量单位,也是一个征收租税的计量单位而已,无关宏旨。

那么,"公田"与"私田"究竟何解?

前面分析国人和野人时曾指出,两者的一个本质区别,是国人为"有田"阶级,而野人是"无田"阶级。很显然,"公田"与"私田"之分的答案,要从国人这里寻找,因为野人根本没有田,也就无所谓"公田"与"私田"了。

据王国维的研究,封建制度是从宗法制度生发而来。宗法制度大略是这样的:天子世世相传,每世的天子都是以嫡长子的身份继承父位,奉戴始祖,是为大宗;嫡长子之外的众子封为诸侯,是为小宗。每世的诸侯也有嫡长子继承父位,奉始祖为大宗;嫡长子之外的众子封为卿大夫,为小宗。每世的卿大夫也有嫡长子继承父位,奉始祖为大宗;嫡长子之外的众子为各有食地的小宗。诸侯相对天子而言是小宗,但在本国则为大宗,卿大夫相对诸侯而言是小宗,但在本族也为大宗。所谓"天子建国,诸侯立家,卿置侧室,夫有贰宗,士有隶子弟",那封建制度,正是依宗法制度而定的,是由家族系统扩充为政治系统。

这宗法制度有两个要点:1. 在宗法制下,从天子到士,其实是一个大家族,在这个大家族中,每一个成员都各以其对宗主的亲疏关系而定其地位的尊卑高下;2. 在宗法系统中,"大宗百世不迁,小宗五世则迁",大宗负有无限责任。尤其是在先人的祭祀("国之大事,在祀与戎",祭祀是头等大事),以及对同一宗族之内失去劳动能力的人予以救济(鳏寡孤疾者皆有所养)这两方面,皆负有不可推卸的责任。不难明白,承担如此重大的责任,必须有对应的财力支持。这财力从何而来？从"公田"中来！

是的,因为从天子到士构成了一个庞大的家族系统,每一个国人都是庞大家族的一员,所以对家族内的祭祀、救济等公共开支,每一个国人都有自己应尽的义务和责任。共同参与耕种"公田",是尽自己义务和责任的具体实现方式。又因为大宗（天子、诸侯、卿大夫）负有无限责任,是家族内的祭祀、救济等公共开支的主持者和承担者,所以"公田"之收获,全部归于大宗。

"公田"与"私田"之义由此明矣。"公田",是国人共同耕种的用于家族内的祭祀、救济等公共开支的土地,其收入归于大宗；"私田",则是国人分配得到的"一夫百亩",是自己耕种的"份地",收入归于自己。

多年前,在《公田与私田:中国历史上存在过"井田制"么》（收入《历史之谜:一个经济学的答案》）一文中,区区在下曾提出一个猜测,认为野人耕种的土地可能也分"公田"与"私田"。文中写道:

> 不要忘记,耕地的农奴是田主人的私产,也是其生利工具。要让这些生利工具发挥作用,就必须维持他们生存和生活,维持他们的生存和生活,就要给他们提供起码的食物、居住等条件,以便能够存活下去,并生儿育女——那个时代,奴隶也是世袭罔替,奴隶生儿育女对田主人意味着增加了生利工具。维持农奴生存和生活的物资从何而来？当然也是要从土地的产出中获取。对田主人而言,将土地上的全部产出和收成中拿出一部分分配给农奴,可以有两种基本的方法:其一

直接分配粮食于农奴,其二则是划出一块地给农奴——即私田,农奴一家的生活由这私田保障。

....

两种不同的制度安排并行于那个时代,为不同的田主人所选择,显然是因为其面临着不同局限条件,田地之广与狭,农奴之多与寡,监管力量之强与弱,都是决定其选择的重要因素。但不管怎么说,两种不同的制度安排并行,相互竞争之下,考虑到各自不同的交易费用,田主人付出的代价是相当的。否则,付出代价小的制度安排早已为其所选择。

两种不同的分配制度安排并行的猜想或假说在逻辑上说得通,不过如今看来,是大有问题的,要点有二:1. 如果划出一块地给农奴作为其生活之保障,意味着农奴对该地块有使用权和收入权,其因此也成为"田主",跻身于有田阶级,一如诸侯、卿大夫、士,这直接与封建的本义冲突;2. 相较于直接分配粮食于农奴,采用划出一块"私田"给农奴以资生活保障,会导致田主之"公田"的监管费用大幅度上升。因为有了自己的"私田",农奴在公田上劳作时偏于偷懒,"出工不出力"。面对着上述的两大局限,在自己的土地上为农奴划出一块"私田"的制度安排,是不会为田主人所选择的。

二

争霸中原：春秋霸主为什么崛起于边陲？

二 争霸中原：春秋霸主为什么崛起于边陲？

"天下有道，则礼乐征伐自天子出；天下无道，则礼乐征伐自诸侯出。"这是孔子说的。前者是他心目中过往的美好时代，后者是他看到的当下的真实世界。他一生的志向，是力图将后者逆转，回归于前者。他一再向自己的学生夸下海口："苟有用我者，期月而已可也，三年有成""如有用我者，吾其为东周乎"。为此他颠沛流离，周游于列国之间，苦苦寻找施展抱负的机会，奈何终不见用，落寞而终。时代的潮流终不以人之意志为转移，非人力所能挽回矣。

孔子生活的时代，史称"春秋"。其名，源自鲁国史书《春秋》。

春秋之时，王室衰微，列国争雄，是孔子口中"天下无道"的时代，"礼乐征伐自诸侯出"。一部春秋史，其之主线，是强国争霸中原的历史。纵观春秋始末，一个分明的史实是，两百多年间，相继登上霸主宝座的国家，不论是齐国、晋国、秦国、楚国，还是后起的吴国、越国，无一不是在中原地区的外围，华夏文明的边缘地带。这就带来一个有趣的问题：为什么当日的霸主均来自华夏文明的边陲，而中原核心地带却没有一个国家崛起称霸？

"竞争说"与"文化说"经不起推敲

试图打开这个问号的其实不少。譬如说,梁启超给出过一个答案。在《中国之武士道》的自序中,他写道:"推其致霸之由,其始皆缘与他族杂处,日相压迫,相侵略,非刻刻振后无以图存,自不得不取军国主义,以尚武为精神,其始不过自保之谋,其后乃养成进取之力。诸霸国之起源,皆赖是也。"后来,在《春秋载记》中,他进一步阐释说:

> 晋楚齐秦,分峙朔南东西四徼,实春秋之骨干,而晋楚尤其脊柱也。此四国者,惟齐自始封即为大侯,余皆微弱不足齿数。晋几中绝而乃别兴,秦始建仅食采为附庸耳,楚曾受封与否且不可深考,而其后乃皆浡焉以兴,迭为霸长。虽曰人谋之臧,毋亦以越在边远,环其周遭者多未开化之蛮族,非刻意振拔不能自存。及其既已强立,次第蚕食群落以自广,剪灭虽众,而天下不以为贪。蓄力既厚,乘时内向以争中原,则弱小者固莫与抗矣。此四国所以独为重于彼之世。读史者首当察所凭藉也。

吕思勉对此也有解说。其所著《先秦史》曰:

> 春秋大国,时曰晋、楚、齐、秦,其后起者为吴、越,至战国而河北之燕亦强,皆当日缘边之地也。泰岱以西,华岳以东,大行以南,淮水以北,为古所谓中原之地,鲁、卫、宋、郑、陈、

蔡、曹、许,错处其间,皆不过二等国。余则自郐无讥矣。是何哉?梁任公谓诸大国皆逼异族,以竞争淬厉而强,见所著《中国之武士道序》。可谓得其一端。居边垂,拓土易广,当为其又一端。而文化新旧,适剂其中,尤为原因之大者。盖社会之所以昌盛,一由其役物之力之强,一亦由于人与人相处之得其道。野蛮之族,人与人之相处,实较文明之族为优,然役物之力太弱,往往不胜天灾人祸而亡。文明之族,役物之力优矣而人与人之相处,或失其宜,则又不能享役物之福,而转受其祸。惟能模放上国之文明,而又居僻陋之地,社会组织,病态未深者,为能合二者之长,而寖昌寖炽焉。此晋、楚、齐、秦诸国所由大乎?

梁启超认为,春秋霸主崛起于华夏文明边缘之地的主要原因,是因为其所处之地周遭大多是未开化之蛮族,时时面临着对方掠夺、侵略的压迫,在生存竞争中如不自强无以图存,随时可能为蛮族所灭。生存的压力逼迫这些位于边陲的国家发奋图强,积极进取,最终在竞争中击败异族,一步步开疆拓土,进而有实力争霸中原。这一解释,可名之为"竞争说"。

吕思勉认同梁启超所论,认为地处边陲的国家之所以日后能够争霸中原,与异族的生存竞争逼迫其强大是重要原因之一。但他认为,晋、楚、齐、秦及其后起者吴、越诸国之所以能够成为春秋霸主,还有一个更为根本的原因("尤为原因之大者"),即"文化新旧,适剂其中"。其意是说,这些偏居边陲的国家,兼具"文明之族"和"野蛮之族"的优势。前者的优势,是经济发达财力雄厚,后者的优势,是社会组织简单民风淳朴,合二者之长,是上述国家称霸中原的主要原因所在。这一解说,可称之为"文化说"。

骤眼看来,梁启超之"竞争说"似乎颇为有理,因为竞争促进强大之理不言自明,自古至今有无数的事实可以验证。然以愚观之,将春秋霸主起于边陲归因于地缘竞争未免过于宽泛,也过于单薄了,经不起推敲。1.面对异族竞争的,并非只有晋、楚、齐、秦诸国,譬如说,卫国西、北两面均邻戎狄,宋国的东南面是东夷和淮夷,陈、蔡也邻近淮夷,但宋、卫、陈、蔡并未因面临异族竞争而强大起来,进而称霸中原;2.竞争不限于华夏族与蛮族之间,华夏诸国之间也彼此竞争。春秋初年,郑国兴起,势力向东拓展,令宋、卫两国感到威胁,时常联合起来抵抗郑人。如果说,竞争是促成春秋霸主出现的主要原因,则竞争不惟出现于华夏族与蛮族之间,华夏诸国之间也有竞争。同是竞争,上天何厚此而薄彼?

吕思勉的"文化说"看上去颇为别致,但喜欢读史之人不会感到新奇,因为似曾相识。故老相传,人类历史有一个所谓的"定律":"落后文明"战胜"先进文明"。该"定律"说,纵观人类社会的历史长河,"落后文明"的部落、民族和国家战胜、征服"先进文明"的部落、民族和国家,并取而代之的一幕,是屡见不鲜的,而且中外一也,几成规律。用钱穆的话说,便是"在历史上凡敌对的双方有所斗争,往往眼光浅而文化低的一方战胜眼光较远文化较高的一方,古今中外莫不如此。"吕思勉的"文化说",很显然,是从这一"定律"中得到启发而加以变化衍生,合"落后文明"与"先进文明"之所长来解说春秋霸主的兴起。然而,区区在下在《奇怪的"定律":"落后文明"为什么会征服"先进文明"?》(收入《历史之谜:一个经济学的答案》)一文中清楚地指出,根本不存在什么"落后文明征服先进文明"的所谓"定律"。历史上,固然不乏"落后文明征服先进文明",然"先进文明征服落后文明"亦不鲜见。"落后文明征服先进文明"云云,不过是说开化程度较低的部落、民族和国家在与文明程度在其上的部落、民族和国家的竞争中胜出。这一问题的真正要害,在于双方之间的竞争以战争形式表现,因此其决定胜负的准则,乃是武力的高下。武力强的一方,获胜;武力弱的一方,自然就落败。武力者,乃一个部落、民族、国家之军事力量也。所谓"先进文明",通常而言,是指其在经济、文化、科技方面进化程度高;所谓"落后文明",是说上述三方面的发展程度低于前者。然而,经济、文化、科技是一回事,军事力量是另一回事。一个部落、民族、国家之军事力量的强弱,虽然与其文明程度的高低有一定关系,但两者之间并不能直接画上等号。尤其是在"冷兵器"时代的古代社会,战斗是肉搏上阵,决定武力高下的是"蛮力"。这"蛮力",表现为人之体力、马匹的耐力和速度以及弓、箭、刀、枪、盔甲等武器数量。在这"蛮力"的比拼上,在古代社会,未开化和半开化的"落后文明"往往强于开化的"先进文明"。这便是所谓"落后文明征服先进文明"之真相所在。但进入现代社会之后,这一悲剧将不会再上演,因为在"热兵器"的时代,决定武力高下的是"智力"。这"智力",表现于太空中的卫星、海底的潜艇、水面的军舰以及天上的飞机,还有各式各样的导弹和核武器。在这里,科技直接翻为军事力量,其背后依托的,则是雄厚的经济实力。是的,在当下,"知识就是力量",不仅仅是一句励志的口号,而且是事实的陈述,在军事领域尤为显著。

封建制度抑制中原诸国崛起

然则历史上春秋霸主均崛起于边陲究竟为何解？审视晋、楚、齐、秦以及吴、越诸国之称霸，大抵有些共同之处，譬如有一位志在"从事于诸侯"的雄主，齐桓公、晋文公、楚庄王、秦穆公、吴王夫差、越王勾践皆如是；这些君主又大抵能够选贤与能，知人善任，齐桓公手下有管仲、宁戚、隰朋、宾胥无、鲍叔牙等一干人才；晋文公则有赵衰、狐偃、先轸、胥臣、栾枝、冀缺等众人辅佐；楚庄王拜孙叔敖为百官之长；秦穆公重用百里奚、蹇叔、由余；吴王夫差有伍子胥为之谋；越王勾践以范蠡、文种为师……然而，这些所谓的春秋霸主之共同之处显然也不是答案之所在，道理简单，因为中原诸国的明君贤臣亦不少矣。

问题既然不能从正面突击，则不如转换一下角度，从反面进攻。春秋霸主均崛起于边陲的反面是什么？是中原诸国不可能称霸于诸侯！是的，"为什么春秋霸主崛起于边陲"与"为什么中原诸国无法称霸诸侯"是等价的，是一个硬币的两面，一而二、二而一的事情。如果能够回答"为什么中原诸国无法称霸诸侯"，那么"为什么春秋霸主崛起于边陲"的答案也就水落石出了，因为两者的答案是同一个。

为什么中原诸国无法称霸诸侯？以余观之，答案是这样的：中原诸国彼此相邻，而又笼罩于华夏文明之内，在周朝确立的"封建制度"之下，中原诸国无从开疆拓土，兼并别国的土地和人民，也就无从成长为一流大国和强国，进而称霸诸侯。一言以蔽之，在"封建"这一制度安排下，春秋霸主是不可能发源于中原诸国的。仿上述"竞争说""文化说"言之，此为"制度说"。

封建制度云者，"天子建国，诸侯立家，卿置侧室，大夫有贰宗，士有隶子弟，庶人工商各有分亲，皆有等衰"是也。简略而言，周王将土地分封给同姓亲族和异姓功臣，当然以前者为主——荀子曰："立七十一国，姬姓独居五十三人"，是为"诸侯"；诸侯又将土地分封给卿大夫，卿大夫又将土地分封给自己的家臣……从上往下一层一层地分封下去，至"士"为止。在这一制度下，名义上，周王拥有其势力范围之内的所有土地和子民——"普天之下，莫非王土；率土之滨，莫非王臣"，但事实上，诸侯、卿、大夫的各自封地都是"独立王国"，是一个完整的政治和经济单位。从土地权利的角度看，所谓封建制度，是天子拥有土地所有权，诸侯、卿、大夫拥有土地使用权和收入权，但没有转让权。

封建制度源出于宗法制度。由周人创建或确立的宗法制度，是一种家族传承和治理的制度，其要点是从天子到士构成一个庞大的家族，家族中每个成员的权利和地位，由其与宗主对应的亲疏关系决定，尊卑等级分明。封建制度以分封同姓为原则，天子封诸侯，诸侯封卿大夫，卿大夫封家臣，皆以宗法系统为依据。因此，封建制度是宗法制度在政治上的表现，是家族治理上升为国家统治。换言之，封建制度下家国同构，家是小的国，国是大的家。

严谨地说，封建制度是周朝独有的制度，所谓的封建社会，在中国，只存在于有周一代。封建制度全盛于西周，春秋时发生动摇，至战国而崩溃，秦国一统天下为此彻底画上句号，中国由此进入中央集权的帝制时代。因此,封建制度其实只存在于西周与春秋时期,所谓"中国两千多年的封建社会"之类的说法,无疑是错的。今人所言的"封建",并非封建的本义,泛指宗法观念而已。

史籍记载说,周公亲率大军东征平定"三监之乱"之后,"封建亲戚,以藩屏周"。说得很清楚,在殷商故地的东方大封同姓亲族和异姓功臣为诸侯,其之目的,是为了构筑一道屏障以拱卫周王室。这道屏障以血缘筑成,因为封建制度以分封同姓亲族为主,对异姓功臣则通以婚姻——"同姓不婚"制度始于周朝,所以各国诸侯是"兄弟甥舅"的关系。当封建制度确立之后,地图上便出现了两大板块:一是封建制度下的周朝势力范围,这是华夏文明普覆的区域;一是周朝势力范围之外的四周,散落着文明程度较低的野蛮部落,即所谓的"东夷南蛮西戎北狄"。华夷之辨,地理、文化界线分明。

周朝势力范围之内的大大小小的诸侯国,其之权利和责任不等,由封建制度界定。这意味着,诸侯国之间的竞争,由封建制度约束着。创建封建制度的初衷既然是为了拱卫周王室,那么站在周王室的利益立场上,题中之义,是要求各诸侯国各自守土有责,友好团结一致对外,不允许彼此争斗形成内耗。各诸侯国之间一旦出现纠纷,则由周王室出面加以调停,调停不成,则征伐之。"礼乐征伐自天子出",此之谓也。西周一代,周王室强大,对诸侯国约束有力。《史记·楚世家》记载说,楚国国君熊渠一度僭越礼制,将自己的三个儿子分别封为句亶王、鄂王和越章王。周厉王即位后,经过一番改革,重振王室。熊渠因为怕被周厉王讨伐,遂将三个儿子的王号废除了。

二 争霸中原：春秋霸主为什么崛起于边陲？

封建制度约束的是华夏文明覆盖的区域，诸侯国之间不能彼此侵伐，但华夏文明之外的地域，则不受这一制度约束。因此，处于华夏文明边陲的国家，天然地拥有开疆拓土的优势。其周围是被称为"蛮夷"的野蛮部落，兼并、侵占野蛮部落的土地，非但不会受到周王室和其他诸侯国的批评和指责，反而会受到赞扬和鼓励，因为这意味着华夏文明势力范围的拓展。晋、楚、齐、秦、吴、越诸国，无一不是在征伐蛮族的过程中逐渐强大起来的。《史记·十二诸侯年表》云："齐、晋、秦、楚其在成周，微甚，封或百里或五十里。晋阳三河，齐负东海，楚介江淮，秦因雍州之固，四海迭兴，更为伯主，文武所褒大封，皆威而服焉。"可见，晋、楚、齐、秦，最初不过是方圆"百里或五十里"的小国，其之疆域的扩大，是通过不断地对四周蛮族的征伐而来的。

在华夏文明内部，诸侯国之间的征伐，一国兼并别国的土地和人民则是不符合封建制度之本义的。这一点，从《国语·齐语》中齐桓公对管仲的两段对话可以看得非常清楚。其一，齐桓公问："我打算在诸侯国之间建立霸业，时机成熟了吗？"管仲回答说："不行。邻国还没有亲近我们。你想建立诸侯国之间的霸业，就要首先和邻国亲近。"桓公说："如何亲近呢？"管仲回答说："审定我国的疆界，归还从邻国夺来的土地，承认邻国疆界的合法性，不占邻国的便宜……"（桓公曰："吾欲从事于诸侯，其可乎？"管子对曰："未可。邻国未吾亲也开欲从事牙刷天下诸侯，则亲邻国。"桓公曰："若何？"管子对曰："审吾疆场，而反其侵地；正其封疆，无受其资……"）其二，齐桓公问："我打算征伐南方，哪个国家可以作东道主供给我们军用？"管仲回答说："用鲁国作东道主。我们归还侵占它的棠和潜两个地方，让我们的军队在海边有依托隐蔽的地方，在海湾可以停驻，在山区有牲畜的肉可吃。"桓公问："我打算征伐西方，哪个国家可以作东道主供给我们军用？"管仲回答说："用卫国作东道主。我们归还侵占它的台、原、姑和漆里四个地方，让我们的军队在海边有依托隐蔽的地方，在海湾可以停驻，在山区有牲畜的肉可吃。"桓公说："我打算征伐北方，哪个国家可以作东道主供给我们军用？"管仲回答说："用燕国作东道主。我们归还侵占它的柴夫和吠狗两个地方，让我们的军队在海边有依托隐蔽的地方，在海湾可以停驻，在山区有牲畜的肉可吃。"（桓公曰："吾欲南伐，何主？"管子对曰："以鲁为主。反其侵地棠、潜，使海于有蔽，渠䇟于有渚，环山于有牢。"桓公曰："吾欲西伐，何主？"管子对曰："以卫为主。反其侵地台、原、姑与漆里，使海于有蔽，渠䇟于有渚，环山于有牢。"桓公曰："吾欲北伐，何主？"管子对曰："以燕为主。反其侵地柴夫、吠狗，使海于有蔽，渠䇟于有渚，环山于有牢。"）

　　管仲说得很明白，齐国想要站在道德的制高点名正言顺地称霸诸侯，首先要做的，是归还此前侵占别国的土地。因为称霸打出的旗号，是"尊王攘夷"。所谓"尊王"，当然是维护周王室的威严，维护周王室所制定的封建制度了。倘若不归还之前侵占鲁、卫、燕三国的土地，则"尊王"无从自圆其说。因为侵占别国的土地，便是破坏了封建制度。纵观整个春秋，在所有的春秋霸主中，齐桓公最为遵守周朝的旧典，维护封建制度最为到位。无怪乎孔子一再加以褒扬："齐桓公九合诸侯，不以兵车"；"齐桓公正而不谲。"孟子则曰:"五霸桓公为盛。"

事实上,齐、晋、秦、楚、吴、越等偏僻之地的诸侯,与处于华夏文明核心地带的中原诸国的君主,面对封建制度的约束,言行往往大相径庭。楚国国君熊渠和宋国国君兹甫(宋襄公)便是一个极为鲜明的对比。周夷王时,看到王室衰落,熊渠便僭越礼制,封其三子为王,给出的理由是:"我蛮夷也,不与中国之号谥。"僖公二十二年,宋、楚两国交战于泓水。宋人排好阵势时,楚军尚未全部渡过泓水,部下说,敌众我寡,应该立刻发起攻击,宋襄公说:"不可。"楚人既已渡河,但尚未排好队列,部下再次建议发起攻击,宋襄公说:"不可。"等到楚军摆好阵势,宋人才发起进攻,结果宋人大败,宋襄公大腿受伤。当国人将失利的原因归咎于宋襄公时,宋襄公回应说:"君子不重伤,不禽二毛。古之为军也,不以阻隘也。寡人虽亡国之余,不鼓不成列。"(《左传·僖公二十二年》)熊渠桀骜于"我蛮夷也,不与中国之号谥"时尚在西周,宋襄公执念于"不鼓不成列"之际已是春秋,地处华夏文明边缘和核心地带的诸侯,对封建制度的态度有如是之不同!封建制度对两者约束力之强弱,由此亦可谓一览而尽。

结论很清楚,相较于边陲的齐、晋、秦、楚、吴、越,处于华夏文明核心地带的中原诸国,主观上说,从内心里更自觉接受和遵从礼制的规定;客观而言,各国彼此相邻,在封建制度下也缺乏领土扩展的空间。在这双重的约束下,中原诸国自然无从开疆拓土,进而一步步发展为国土广大人口众多的一流强国和大国。其结果不仅直接导致其在春秋之时无从称霸,也注定了进入战国之后中原诸国从地图上消失的悲剧——战国七雄中,除了在北方突然崛起的燕国,韩、赵、魏源出于晋(三家分晋),以及齐、楚、秦,皆为昔日之春秋霸主。

为什么春秋霸主崛起于边陲?这就是答案之所在。一语以结论之,封建制度使然也。

王权困境的突围：古代中国如何从封建制走向中央集权制？

今人往往将西周至清朝的中国,统言为"封建社会"。这当然是不正确的。在中国历史上,作为一种政治制度,封建制度仅见于西周与春秋时期,至战国已名实俱废。齐、楚、燕、韩、赵、魏、秦,所谓的"战国七雄"无一不是中央集权国家。秦灭六国而一统天下,不过是将七个小的中央集权国家合并为一个大的中央集权帝国而已,是国家规模的扩张,组织架构的深化和完善,不是政治制度的本质变革。

"封建"构建国家雏形

周朝开创的封建制度起于何时?先秦典籍上的说法不一。有说始于周武王的:"昔武王克殷,成王靖四方,康王息民,并建母弟,以蕃屏周"(《左传·昭公二十六年》);"昔武王克商,光有天下。其兄弟之国者十有五人,姬姓之国者四十人,皆举亲也"(《左传·昭公二十八年》);"昔武王克商,成王定之,选建明德,以藩屏周"(《左传·定公四年》)。也有说始于周公的:"昔周公吊二叔之不咸,故封建亲戚,以蕃屏周。"(《左传·僖公二十四年》)"(周公)兼制天下,立七十一国,姬姓独居五十三人。"(《荀子·儒效》)既然封建的目的和初衷,是"以蕃屏周",或曰"为周室辅",也即是封建诸侯国来拱卫周王室,则以封建的发源与起因推断,余以为,周初大规模地分封同姓亲族和异姓功臣为诸侯始于周公之说较为可信。原因有二:其一,"克商"之后的第二年,武王便病倒了,一年之后即去世。"封建"诸侯是重构政治体系的重大制度变革,不可能贸然仓促行事。时间和主事者的健康状况不支持周武王主持并激进推动这一宏大的政治体制改革。其二,更重要的,是事必有因。制度安排的转变,必起于局限条件的变化。凡变革尤其是涉及政治体制的重大改革,大抵是因为重大事件的发生与刺激,迫使主事者不得不"穷则思变",改弦易辙,对现有制度体系加以改造。而立国之初对新兴的周朝直接形成强烈威胁和挑战的"三监"之乱,发生于周公摄政时期。

武王灭商之后,因袭以往的成例,封商纣王的儿子武庚为诸侯,继续统治殷商故地。然而武王终究不放心,于是派了三个弟弟管叔鲜、蔡叔度和霍叔处在一旁监视,史称"三监"。不久,武王去世,因为其儿子成王诵年幼,便由叔父周公旦摄政。这引起了管叔、蔡叔等人的猜忌和不满,遂散布流言,说周公早晚要篡位。眼见着周室出现内乱,武庚认为复国的机会来了,便乘机串通管叔、蔡叔,并联络其旧属国淮夷、徐、奄等,起兵反周。周公亲率大军东征,历时三年,杀武庚,诛管叔,放逐蔡叔,贬霍叔为庶人,攻灭熊、盈族等17国,东方由此大定。

前车之覆,后车之鉴。武庚之乱,分明给予周公一个深刻的教训:"非我族类,其心必异。"那些被征服的部落和氏族,如果沿袭过往异族自治的惯例,保留其故地和人民,一旦周朝有风吹草动,很容易激发其造反的念头。这一点,可见于东征前发布的公告。《尚书·周书·大诰》上说:"殷商的余孽武庚竟然胆敢妄想复国。上天降下灾祸,我们的国家因此出现了一些问题,民心不安。他们知道了这个情况后,说:光复的机会来了!妄图再次让我们沦为其附属国,现在,他们已经动起来飞起来了。"("殷小腆诞敢纪其叙。天降威,知我国有疵,民不康,曰:予复!反鄙我周邦,今蠢今翼。")于是,为了加强对东方的统治,东征归来之后,周公着手做了两件大事:其一是将一部分顽抗的殷民迁到洛阳建设洛邑,作为周室的东都,即所谓"成周"——与西都镐京之"宗周"相对。因为西都镐京地理位置过于偏西,而洛邑地处天下之中,便于管辖东方。西周一代,洛邑常为会诸侯发政令的处所;其二便是在东方大封同姓和功臣为诸侯,以镇压被征服的部落和氏族的人民。这种分封的显著标志,是以血缘为纽带——周王与诸侯之间的关系,不是亲族便是姻戚。周人相信,建筑在血缘基础上的封建制度更值得信赖和依靠,更经得起考验。不论从时间先后还是因果关系来看,武庚之乱与旨在"以蕃屏周"或"为周室辅"的封建制度之间的内在逻辑清楚不过:是前者的发生,直接促成了后者的出现。

或者要说,周之前的夏、商二代,亦有分封诸侯之事。这是不错的,但此封非彼封。夏、商之时代,中原部落和氏族遍布,夏、商不过是其中实力最为强大的部落,其他的部落和氏族为其武力所震慑,不得不归附其下,承认夏、商部落之酋长为共同首领,奉其为"天下共主",其他部落之酋长和氏族之族长则为诸侯。夏、商部落之酋长虽为天下共主，但其占有的土地，仅限于本部落区域之内，统治的人民，仅限于本部落之子民。为诸侯的部落和氏族，是独立存在的，各有各的土地和人民，只不过时不时地需要向作为"天下共主"的夏、商朝贡而已。打个比方，夏、商二代，作为天下共主的夏、商与各归属部落诸侯之间，是带头大哥与小弟的关系。柳宗元在其所著之《封建论》云："盖以诸侯归殷者三千焉，资以黜夏，汤不得而废；归周者八百焉，资以胜殷，武王不得而易。徇之以为安，仍之以为俗，汤、武之所不得已也。"概括得很是恰当。

然而，西周开创的封建同姓和功臣为诸侯，则是一次颠覆性的制度变革。虽然周朝也承认一些外围的独立部落为诸侯，但在其统治势力范围之内，则是"普天之下，莫非王土；率土之滨，莫非王臣"，原有的部落和氏族均为其所灭，土地和人民均归周王所有，并由周王分封给亲族和功臣为诸侯来加以管辖和统治。其本质，是一族征服了别族之后，直接占领其土地，治理其人民，通过"封建"制度的安排，形成同一族之人分据各地相互保卫之态势和格局，以镇压别族的反抗，巩固其统治地位。与夏、商二代之带头大哥与小弟之关系不同，周王与诸侯之间，是明确的君臣关系。

一言以蔽之，周与夏、商二代之本质不同，是夏王、商王为诸侯之长，而周王为诸侯之君。也就是说，封建制度的引入，使得夏、商二代之诸侯之长一跃而为周之诸侯之君，从而形成了"普天之下，莫非王土；率土之滨，莫非王臣"的格局，一个国家的雏形由此而显现。

封建制度下的王权困境

"封建"云者,即"天子建国,诸侯立家,卿置侧室,大夫有贰宗,士有隶子弟"也。在这一制度安排下,周王朝所统治的疆域,实际上被分割成无数大大小小的地块。在这大大小小的地块上,每一个地块都有着各自的主人——周天子、诸侯、卿、大夫、士,不一而足。尤其需要指出的一点,是诸侯、卿、大夫在其封地之内,除拥有一切政治、经济权利之外,也拥有军队,本质上是一个独立的政治、经济和军事实体,一如后世的国家。

封建的本质是土地一层又一层的发放,因此,虽然说"普天之下,莫非王土;率土之滨,莫非王臣",作为中央政府的周王室名义上拥有天下所有的土地和子民,但事实上随着土地的层层发放,其真正掌控的,仅限于千里"王畿"范围内的土地和人民。分封给诸侯的土地和人民,归诸侯统治。诸侯分封给卿大夫的土地和人民亦如是。质言之,封建制度下,名义上周王室一统天下,但实际上其疆域为林立着的诸侯所割据。各诸侯国也一样,其国内为卿、大夫所割据。地方割据,是封建制度带来的结果,也是封建制度一个标志性的表征。

封建制度带来的地方割据,对中央政府而言——周王室之于诸侯,诸侯之于卿、大夫,带来了一个致命的困境,那便是王权或者君权的削弱。逻辑简单不过:封建制度下,分封给诸侯的土地和人民,归诸侯统治,也就是不再受周王室实际掌控了。因此,分封的诸侯越多,周王室所能真正掌控的土地和人民越少,其拥有的权力和财力也就越发被削弱。诸侯分封卿大夫,卿大夫分封家臣也是一样的情形。因此之故,日久天长,封建制度运作的结果,必然是上位者权力的旁落和下移。孔子说:"天下有道,则礼乐征伐自天子出;天下无道,则礼乐征伐自诸侯出。自诸侯出,盖十世希不失矣;自大夫出,五世希不失矣;陪臣执国命,三世希不失矣。天下有道,则政不在大夫。天下有道,则庶人不议。"(《论语·季氏篇》)说对了事实,但说错了答案。权力的转移——礼乐征伐从出自天子到出自诸侯,诸侯国的政权从国君下移到大夫乃至于家臣,不是因为天下"有道"或者"无道",而是封建制度运作的逻辑必然。

封建制度的设计者并非不知道其中的困境。为了维护中央政府的权力,设计者多方设法。比如在土地的发放上,保留了周王室对土地的所有权,同时禁止诸侯拥有土地的转让权。从经济学的角度看,封建制度是这样的一种制度安排:天下一切土地的所有权,皆归于周天子,发放给诸侯的土地,其之使用权和收入权归诸侯所有,但没有转让权——不允许转让给他人。诸侯发放给卿、大夫的土地亦如是。为什么要做这样的安排?回答是,保留土地所有权,可以协助维护周王室的权力,维护其对各国诸侯的掌控能力。倘若某诸侯对王室不忠,有叛逆之心,周王室可以名正言顺地剥夺其封地,改封他人。而不授予诸侯土地转让权,一是为了将诸侯持久地锁定在某地,世代坚守,以达到拱卫王室的目的——封建的初衷,是为了"以蕃屏周";一是为了防止诸侯通过兼并扩大势力范围,进而对王室形成挑战和威胁。又比如,通过巡守朝贡的重复演练来彰显中央权力的"存在感"。每隔若干年,周天子要到各诸侯国巡视一遍,考核政教观察民风;诸侯则要按时朝觐周天子,"一不朝则贬其爵,再不朝则削其地,三不朝则六师移之"(《孟子·告子下》),并有进贡和服役的义务。此外,诸侯国新立的国君,必须得到周天子的册命方才名正言顺,具有合法性。其之用意,无非是反复强调这一君臣关系的存在,提醒诸侯尊重并服从中央的权威。

但土地权利的分置、巡视朝贡以及册命等制度安排,只是给封建制度打"补丁",并不能从根本上改变封建制度下中央权力的困境。因为这一困境是与生俱来的,是封建制度本身的内在逻辑。只要封建制度存在,王权困境就必然存在,中央权力最终必然被架空。进入春秋之后,齐、晋、楚、秦、吴、越相继称霸,周王沦为"尊王攘夷"旗号下的傀儡;而在诸侯国内,国君的权力也日益衰落,实权操诸于卿大夫之手。封建制度下的王权困境,一次又一次地为事实所验证。

既然封建制度下王权面临着不可克服的困境,为什么周王室会选择这一制度?时势使然也。一方面,作为一种政治制度安排,凸显中央权力权威的中央集权制度,可能并不为当时的主事者所知悉。毕竟,那是在公元前11世纪,人类的政治实践尚处于幼稚时期。另一方面,远为重要的是,即便主事者知道存在着一种中央集权的政治制度,在当时的局限条件下,这一制度运作的成本实在是太高了,足以令其望而却步。

西周的疆域,较夏、商二代要远为广阔。《左传·昭公九年》载周人詹桓伯的话说:"我自夏以后稷、魏、骀、芮、岐、毕,吾西土也。及武王克商,蒲姑、商奄,吾东土也;巴、濮、楚、邓,吾南土也;肃慎、燕、亳,吾北土也。"《诗经·大雅·江汉》云:"式辟四方,彻我疆土……于疆于理，至于南海。"可见其势力范围除华北地区之外，南及江汉流域。如此广大的版图，如何治理无疑是一个难题。别的不论，其时交通不便，如果采用中央集权的制度安排，单是中央政令的下达和地方情况的上呈，费时费力，成本和费用就极为高昂。更何况，领土的四周，满布着所谓的"东夷、南蛮、西戎、北狄"等未开化的部落和氏族，交相侵袭，时时需要随机应战。封建制度此时便显示出其优越性，诸侯各据一方，所管辖的地域小得多，上呈下达的费用低得多；而且作为一个独立的政治、经济和军事实体，自给自足，其运作费用无需中央政府负担；又因为在一线直接面对着蛮夷戎狄的挑战，对敌我形势状况清楚了然，可以及时迅速地做出决断和回应。

制度运作的费用或成本高不是问题，如果其能够带来更大的收益。然而，西周时期，人口稀少，生产力水平又非常低下。《诗经·卫风·氓》曰："氓之蚩蚩，抱布贸丝。"《诗经·小雅·小宛》云："握粟出卜，自何能谷？"从这记录看，其时货币尚未流通，还是一个以物易物的时代，生产力低下由此足见一斑了。这样的生产力，当然是无从支撑运作费用高昂的中央集权制度的。

"三监之乱"让周朝的统治者意识到，因袭夏、商二代的制度，延续异族自治而为"共主"的模式不可取，因为政权容易受到异族的挑战和威胁。中央集权制度的运作，在地广人稀和生产力水平低下的局限下，包括讯息费用在内的制度运作费用又过于高昂而不堪重负。封建制度恰恰能济上述两种制度之穷，一方面使得周王室从诸侯之长一跃而为诸侯之君，土地和人民均为本族人所掌控，强化了对被征服的地区和人民的统治；另一方面，其运作费用又远较中央集权制度为低。因此,封建制度虽然内含着王权困境,却是当时局限下最为合宜的选择。

列国争霸催生新的制度安排

语有之曰:"枪杆子里面出政权。"这是的确的。权力的取得和维护,在根源和本质上,实取决于武力。道理简单:凡有社会,必有竞争。有竞争,必有竞争的游戏规则及其决定胜负的准则。竞争的游戏规则及其决定胜负的准则多种多样,不同的游戏规则和胜负准则下,胜负的人们是不同的:在市场之上,价高者得,谁出价高谁就获胜;倘若论资排辈,则年老者胜出;在官场,"官大一级压死人",话语权决定于官衔大小……然而,如果剥掉所有外在的附丽,便会发现,人类所有的制度即竞争的游戏规则和胜负准则,其实建筑于一个决定胜负的终极准则,那便是以武力决定胜负:武力高者胜,低者负,胜负一分,权力的归属便随之而定。武力决定胜负,换一种说法,就是"弱肉强食",这是大自然决定胜负的准则,而人类原本就是自然界的一分子。

因为武力是权力的保障,在封建制度下,虽然王权由于层层分封而被削弱,但只要掌握着足够强大的军事力量,中央政府依然足以驾驭和统治各地诸侯。西周末期,狄戎交侵,王室逐渐衰弱,但依靠着强大的军事力量,仍然维持着中央政府的威严和统治力。略举两例。其一,周厉王为人暴虐专制,以致国人"道路以目",最终被国人推翻,"流王于彘"。然其在位期间,通过改革使得周王朝的经济和军事力量得以重振。其时楚国国力强盛,在江汉一带不断开疆拓土,周夷王(周厉王之父)时,楚国君主熊渠看到王室衰微,以"我蛮夷也,不与中国之号谥"之名,僭越封其三子为王,但看到周厉王重振王室,惧怕受到讨伐,就主动取消了他们的王号。其二,周宣王(周厉王之子)时,鲁国国君鲁武公带着长子括和少子戏去朝见宣王,宣王因为喜爱戏,遂废长立幼,指定戏为接班人,造成鲁国内乱。周宣王又出师伐鲁,立鲁武公的另一个儿子称为国君,即鲁孝公。周宣王的行为,揆之于宗法制度,显然是非礼失德的,"诸侯从是而不睦",但慑于其强大的军事力量,各国诸侯终究敢怒而不敢言,不敢反抗。

但当强大的武力不再,中央政府的威权便不复存在。平王东迁,其时诸侯国中实力最强的是郑国,其国君郑庄公为周朝的"卿士"即执政大臣,周平王见其大权独揽专秉朝政,便想分权于另一位"卿士"西虢公。郑庄公闻听之后向平王表达了不满,平王矢口否认,说根本没有这回事。为表明彼此的信任,周朝与郑国互相交换人质,平王的儿子狐前往郑国做人质,郑庄公的儿子忽则到周朝做人质。周郑交质,意味着郑国与周朝平起平坐,周王室的地位实际上已然等同于诸侯。平王去世后,其孙桓王即位。鲁桓公五年,周桓王剥夺了郑庄公的权力,郑庄公于是不再前来朝觐。桓王大怒,是年秋天,亲自率领虢、蔡、卫、陈等诸侯国一起讨伐郑国。双方战于繻葛,郑国用鱼丽之阵将周桓王率领的联军打得大败,桓王自己也被郑将祝聃射中肩膀,可谓威严扫地。周王室的威权由此越发跌落,沦落至二三流诸侯之列。

王权衰微的结果,是诸侯力征,因为上头再无一个强有力的中央政府约束着分据各地的诸侯。各诸侯国为了争取更广的土地、更多的人民,彼此争斗征伐不休。在列国争霸的形势下,出现了一系列新兴的制度安排。其出现和兴起,是各国因应竞争的产物。发明或者采纳这些制度的目的意图,当然是为了在竞争中胜出。意图不论,从逻辑和事实来看,这些制度安排的出现和兴起,一步步瓦解着封建制度,促成着中央集权制度的诞生。因为封建制度而陷于困境的王权,也因此突围而出,并得到前所未有的强化和巩固。

因为最终导致了封建制度的终结,这些新兴的制度安排的出现,可以说,是对封建制度各个方向或者层面的反动。择其要者而言,荦荦大者有三:其一,"县"的创设,打破了地理空间的割据;其二,"谷禄"制度的兴起,打破了行政权和兵权的割据;其三,"履亩而税",土地租税的改革,打破了财政权的割据。因封建制度而带来的领土、行政权、兵权和财政权的分割,在上述制度安排的出现和兴起之后,逐渐被一一整合,一统于中央政府,最终形成了凸显王权的中央集权制度。

封建的反动之一:"县"的创设

春秋列国中,楚国是最早创立"县"制的国家之一。《左传·庄公十八年》记载说,楚武王征服权国之后,并没有将其作为卿大夫的封地,而是将权国故地设立为县,任命大夫斗缗治理该地。后来斗缗据权县发动叛乱,武王出兵平乱将斗缗处死,并将权县百姓迁往那处，改派阎敖治理。这应该是"县"的雏形。

楚文王时，史籍上则有明确记载，"县"在楚国出现了。《左传·哀公十七年》云："彭仲爽，申俘也。文王以为令尹，实县申、息，朝陈、蔡，封畛于汝……"这是说，楚国灭了申国、息国，改制为县。而这一制度的创设，出自彭仲爽之手。彭仲爽是被楚军俘虏的申国人，楚文王却任命其为令尹（楚之最高军政长官），足见楚文王识才用人的慧眼和魄力。

到春秋中期时，楚国境内的县已然为数不少。鲁宣公十二年，楚庄王破郑，郑襄公"肉袒牵羊"求和时说了这样一番话："不泯其社稷，使改事君，夷于九县，君之惠也。"（《左传·宣公十二年》）"九县"云者，并非确数，言其多也。可见其时楚国县的数量颇多。

春秋末年，在晋国，"县"之外，又出现了"郡"。"郡"是征伐新得到的边境之地，因为地处荒僻，人口稀少，虽然地域面积远比"县"为大，但地位却在"县"之下。哀公二年，晋国执政赵简子讨伐范氏、中行氏。出征前，为激励将士们的斗志，赵简子在作战誓辞中重点提及了论功行赏的政策："克敌者，上大夫受县，下大夫受郡，士田十万，庶人工商遂，人臣隶圉免。"（《左传·哀公二年》）可见其时"郡"下"县"一等。县统于郡的郡县制度，迟至战国时期方才出现。

虽然均以"县"为名，但楚国之"县"与晋国之"县"有本质的区别。晋国的"县"，多为大夫的封邑。上述提及的"上大夫受县，下大夫受郡"即为一例。又如昭公五年，晋国上卿韩起和上大夫叔向护送晋平公之女出使楚国，楚灵王欲刑辱两人——"若吾以韩起为阍，以羊舌肸为司宫"，所谓"阍"、"司宫"，即后世所谓太监，楚大夫

三 王权困境的突围：古代中国如何从封建制走向中央集权制？

蓬启强进谏时提到，"韩赋七邑，皆成县也。羊舌四族，皆强家也"（《左传·昭公二年》）。从这记载看，其时韩氏的封邑有七个县之多。也即是说，晋国的"县"，是大的封邑，多为卿大夫所有，是其封邑的一种名称，还是原先的封建的制度运作。这种所谓"县"，不是这里所要讨论的。

楚国的"县"，则直接隶属于楚国国君。县的最高军政长官县公、县尹，由楚王任命和派遣。县之兵力，也由楚王调遣。成公六年，楚伐郑，晋救郑、侵蔡，楚庄王便派楚将公子申、公子成率领申、息两县军队去救蔡；僖公二十八年的城濮之战，楚国军队的主力也是申、息两县之师。楚军溃败之后，楚成王派人传话给楚帅子玉："大夫若入，其若申、息之老何？"（你如果回来，又如何向申、息两地的父老交代？）子玉遂自杀。县也是国君收取税赋之地。成公七年，楚庄王的弟弟子重在围宋之役还师后，请求将申、吕两县之地作为赏田，楚庄王原本答应了，但最终为申公巫臣所劝阻："不可。此申、吕所以邑也，是以为赋，以御北方。若取之，是无申、吕也。晋、郑必至于汉。"意思是说，如果将其作为亲族或者功臣的封邑，相当于失去了申、吕，无从作为北方的屏障，也无从收取税赋。

上述可见，楚国之"县"，与封建制度下卿大夫的采邑背道而驰。封建制度下卿大夫的采邑，受封的卿大夫是采邑的主人，在域内拥有一切政治、经济和军事权力，是一个独立王国，也可以说是一个"国中之国"。但以申、息代表的楚国之"县"，其主人是国君。因为县公或者县尹由君主直接任命，其管辖地也直辖于中央，因此，其政治、经济和军事权力均为中央政府直接操控。这是对封建制度完整的、基础性的突破和颠覆。对中央政府而言，在封建制度下因层层分封而被缩减的领土，被削弱的权力，由此发生逆转，得以扩张和增强。

一个需要追问的问题是，逆封建而为的"县"之创设，因何而起？从地理位置看，最初的县均设立在边境之地。如楚国的申、息两县，北接中原，是北上中原的门户，也即是楚国的北方边疆。从国防的角度来说，由国君直接统治无疑强力得多：如果作为卿大夫的采邑，是举一家（家族）之力保卫；而直隶于君主，则是举一国之力保卫。何者为上，一目了然。然则为什么"县"出现于春秋时期而不见于西周？因为西周时周王室统治力强大，对诸侯约束有力，诸侯不敢造次，各自据守一方相安无事。但平王东迁之后，王室衰微，周王室对各地诸侯约束力不复存在，诸侯之间的征伐兼并随之而起。不论抵抗侵略还是进击扩张，边境之地的地位和作用遂日益凸显，"县"于是应运而生。一言以蔽之，"县"之产生或者出现，是进入春秋之后，"王室衰微，诸侯力征"之局限转变带来的结果。

春秋时的"县"如是，战国时的"郡"亦如是。魏国在西河设郡，赵国设云中、雁门、代郡，燕国设上谷、云阳、辽东、辽西等郡，秦国设陇西、北地两郡，均在边境之地，加强边防应对敌国的意图一览而尽。

春秋时"县"之产生是自发的，是时势逼迫的产物。局内中人并没有认识到其重大意义所在。楚庄王答应将申、吕两县之地作为子重的赏田便是明确的证据。但到了战国，"县"的创设已经成为一种自觉的行动。商鞅在秦国的变法，其重要内容之一，便是在全国范围内推广县制——"集小乡邑聚为县，置令、丞，凡三十一县"（《史记·商君列传》）。由国君直接统治之"县"这一制度安排对强化中央集权的作用,其时已经为人们所充分认识。

或者要说,战国时各国国君也有对权贵给予封地或封邑的。譬如说,战国四公子均有封地:孟尝君"封万户于薛",后又"益以千户";平原君封于东武城;信陵君封于信陵;春申君先封于淮北十二县,后改封江东。又如秦庄襄王任命吕不韦为丞相,封文信侯,"食河南、洛阳十万户",又"食蓝田十二县"。然而,战国时的这些"封君",其封地只是一种经济上的或者说收入的奖励而已,并无其他。其封邑之内,必须接受国君的命令,执行国家制定的法令;其封地的"相",也往往是国君指定派遣的,并执掌当地军政大权;而且各国所封的功臣,基本上没有世袭的,所封的宗室,世袭的也很少。而前面说过,封建制度下,卿大夫的封邑是一个独立王国,其掌控封地内的一切政治、经济和军事权力,是封邑的真正主人,而且世袭罔替。一言以蔽之,此封非彼封,两者根本不是一回事,不可同日而语矣。

逻辑很清楚,因应"诸侯力征"而诞生的"县",由于直接隶属于国君,逆转了封建制度下的地方割据态势。一方面,从地理空间或者实际领土上说,"县"的创设使得中央政府真正掌控的土地,不再局限于所谓的"王畿",而扩充至县;另一方面,因为县为国君直接统治,其政治、经济和军事权力也归于中央政府,从而强化了中央的权力。因此,当"县"遍布国境之际,就是中央集权制度大成之时。在这个意义上说,"县"可谓中央集权制度一个标志性的表征。当然,此"县"也,乃是指楚国之县,非晋国之县。战国以及后世之"郡县"制度,追溯源头,实滥觞于此。

封建的反动之二:"谷禄"制度的兴起

"谷禄"制度起于何时不可考,但到孔子生活的年代,"谷禄"制已颇为常见了。《史记·孔子世家》记载,卫灵公曾向孔子问及其在鲁国做官时的薪水:"卫灵公问孔子:'居鲁得禄几何?'对曰:'奉粟六万。'卫人亦致粟六万。"《论语》中亦多有涉及"谷禄"制度的文字。如"子曰:三年学,不至于谷,不易得也";"子曰:邦有道,谷;邦无道,谷,耻也";"原思为之宰,与之粟九百"。可见在春秋末期,"谷禄"制度已然通行于列国。

以粮食作为官员的俸禄,似乎只是一个细节的变化,收入的支付形式改变而已。其实不然,其直接牵涉到整个官僚制度的变革,尤其是对寄生于世族制度的世官制釜底抽薪,动摇了后者的基础。

已经说过,封建制度下,自上而下形成了一个天子、诸侯、卿大夫、士等级分明的政治体系。所谓世族,是指卿大夫的家族。卿大夫是这个家族的族长,其封地和地位是世袭的,世代相传。世族凭借其强大的势力,世世代代垄断了卿、大夫这样的核心官职,此之谓世官制度。虽然其时也有所谓的选举制度,"赏功劳""明贤良",选拔有功绩和才能的人出任重要官职,但有一个前提,"举不逾等",终究还是在贵族尤其是上层贵族的小圈子里挑选。世族制度和世官制度互为依存,前者是后者的基础,后者又有力地维护和强化着前者的利益。"守其官职,保族宜家",此之谓也。世族对当时社会的深远影响,体现在观念和思潮上,是家族高于国家。鲁国世族季孙氏的家臣南蒯叛乱失败后逃至齐国。一次,在侍奉齐景公喝酒时,齐景公斥其为"叛夫",南蒯辩解说自己这么做是为了"张公室"(扩大鲁国君主的权力),齐国大夫韩晳随即指责道:"身为(季氏)家臣,却想着扩大鲁国君主的权力,没有比这更大的罪过了"——"家臣而欲张公室,罪莫大焉"(《左传·昭公十四年》)。

春秋列国的大世族,鲁国有季孙、孟孙、叔孙等;晋国有赵、韩、魏、范、中行、知等;齐国有高、国、崔、陈、鲍等;宋国有华、乐、向等;卫国有孙、宁、孔等;楚国有斗、成、屈等。且以鲁国的季孙氏为例。季孙氏这一世族,开端于僖公元年。是年,季友得赐汶阳之田和费地,并为上卿,执鲁国国政。其子早卒,其孙季文子在宣公八年主持鲁国国政。其后,季武子、季悼子、季平子、季恒子、季康子均父死子继,先后执政鲁国,成为鲁国权势最为煊赫的家族。世族制度与世官制度之相互依存和互为援引,彰然也。

做官自然有俸禄。世官制下,官僚的俸禄来自何处,以什么形式支付?回答是,封土赐田,即所谓"公食贡,大夫食邑,士食田"。卿大夫支付给家臣的,亦采用"食邑"和"食田"之法。采邑或者田地上的产出和收获,便是官僚的收入。封土赐田既是世袭的,其收入也世代相传享受,是为世禄。

依附于世族的世官制度的运作,带来的一个直接结果是列国的行政权和兵权逐渐落于卿大夫这一阶层之手,国君的权力日益削弱,即所谓"卑弱公室"。行政权不用说,内政外交之政事日常均由卿大夫具体操持和实际掌控,兵权也往往在改革中转落至世族之手。譬如说,襄公十一年,季孙、孟孙、叔孙三族将鲁国的军队分为三军,三家各掌其中一军。昭公五年,又废除三军,将军队一分为四，季孙取其中两军，孟孙、叔孙各取一军。因此之故，虽然名义上国君与其卿大夫是君臣关系，国君是主，卿大夫是仆，但由于行政权和兵权为卿大夫操控，真正的实权掌握于卿大夫之手，国君往往沦为傀儡，成为形式上的"国家元首"，一国之象征。这一格局形成的关键和枢纽，就在于以封土赐田为官员之俸禄，让卿大夫有了"根据地"，拥有属于自己的土地和人民——封土必然伴随着赐民，分土和分民是同时进行的，因为光有地没有人不会有产出。卿大夫可以在自己的封土上筑城，也可以组建军队。春秋时期的大世族，封邑可达数十乃至上百邑，兵力可达数千乃至上万，实力之强足以抗衡一个大国，又岂是一国国君所能制约的？这是"封土赐民"的封建制度的内在困境。

"谷禄"制度的出现和兴起，则新辟了一条通道。因为在上位者不必再给臣下"封土赐民"，后者也因此无从拥有根据地，拥有属于自己的土地和人民，并在此基础上培植、扩充势力以对抗乃至要挟前者。为官者的俸禄以粮食支付，任之则有，去之则无；在位则官，去位则民。世族和世官制度造成的"尾大不掉"局面，在"谷禄"制度下不复存在，任免官员变得容易便当，主动权尽掌握于在上位者之手。

然则"谷禄"制度因何而起？亦起于现实的困境。封建制度起于西周初年，数百年来，一代又一代的繁衍，贵族人口日益增长，连续不断的封土赐田之下，至春秋后期，终陷入无土可封无田可赐的窘境。《左传·昭公十年》记载说，齐国的陈桓子（即田桓子）为收买人心，将自己的封邑划出一部分给公族的子孙——"凡公子、公孙之无禄者，私分之邑"，其中可见无土可封的消息。《左传·襄公二十一年》则提到，晋国的栾盈"好施，士多归之"，也透露着其时有许多"士"无田可食,不得以委身于权门,作为门客而为其豢养。

到了战国,各国对官吏的任用,大抵普遍采用"谷禄"制度了,只是计算单位略有差异,卫国用"盆",齐国、魏国用"钟";秦国、燕国用石、斗;楚国则用"担"。实际上,后世以货币支付官员的俸禄,也不过是"谷禄"制度在形式上的变化而已,本质上是一样的。

伴随着以粮食作为俸禄的"谷禄"制度全面替代以封邑为官禄的世官制度的进程,官僚制度也随之出现专业化分工。"官分文武,王之二术也。"文官以"相"为首脑,武官以"将"为统帅,而两者又为国君所驭。对官员的任用,也不再受身份等级的制约,所谓"明主之吏,宰相必起于州郡,猛将必发于卒伍"(《韩非子·显学》)。由此,对各级官员的任用和罢免尽操于国君之手,也即是政权与兵权一统于国君之手。

一言以蔽之,在因封建制度而兴起的世族及其寄生的世官制度下,政权与兵权为强大的世族所掌控和瓜分,导致了政权与兵权的割据和下移。迫于无土可封无田可赐困境而诞生的"谷禄"制度,打破并最终替代了世官制度,终结了政权与兵权的割据和下移,将权柄从卿大夫之手收归于国君之手。

封建的反动之三:"履亩而税"

宣公十五年,鲁国推出了一项新的农业税收政策:"初税亩,非礼也,谷出不过藉,以丰财也。"(《左传·宣公十五年》)初者始也,税亩者,履田而税也。也即是说,从这一年开始,在鲁国,有一亩田,就要收一亩田的税,税率不超过10%。

履田而税的做法,《左传》说"非礼也",《谷梁传》说"非正也"。这是指责其与封建制度确定的农业赋税政策不符,离经叛道。那么,封建制度下的农业赋税是怎样征收的?孔子的说法,是"先王制土,籍田以力,而砥其远迩;赋田以入,而量其有无;任力以夫,而议其老幼。于是有鳏、寡、孤、疾,有军旅之出则征之,无则已。其岁收,田一井,出稯禾、秉刍、缶米,不是过也"(《国语·鲁语》)。这是说,赋税按"井"为单位征收,一井田,一年要出六百四十斛小米(稯禾)、一百六十斗草(秉刍)、十六斗的米(缶米)。"井"作何解,聚讼纷纭,这里不论。要说的,是"初税亩"宣告着鲁国在这一年对农业赋税政策进行了重大改革,原有的政策被废除,开启了按亩收税的时代。

履亩而税,首先必须要将土地数量丈量清楚,然后才能按照实际的耕田数量进行征税。这无疑是一个浩大的工程。而改革也必然触及既得利益集团的利益,引致后者的反对和抗拒,也会面临着"非礼也"这样的保守势力发起的社会舆论压力。然则鲁国为什么要发起这一场改革?无他,国家的财政压力使然也。鲁宣公在位期间,是春秋时代的中后期,其时列国之间的战争越发频繁。"打仗打的就是钱",话糙理不糙。武器、物资、人员……,战争需要的一切东西,无一不需要钱。《左传》说得很清楚,履亩而税的目的,就是"以丰财也"。而在"初税亩"之后,鲁国又相继推出了"作丘甲""用田赋"等政策以增加赋税收入,足见其时鲁国的财政之捉襟见肘。换言之,"初税亩"是穷则思变,意在开扩财源增加收入以缓解巨大的财政压力。

因为彼此征伐不断，春秋列国其实均面临着财力匮乏的窘境。《论语》记载了鲁哀公与孔子弟子有若之间的一段对话："哀公问于有若曰：'年饥，用不足，如之何？'有若对曰：'盍彻乎？'曰：'二，吾犹不足，如之何其彻也。'"（《论语·颜渊篇》）而在齐国，百姓三分其力，"二入于公，而衣食其一"，这一面可见百姓的税赋之重，另一面亦可见列国的财政压力之大。

战争频仍带来的巨大财政压力促生了"初税亩"的需求，生产力的提升则为其提供了实现的可能。进入春秋之后，农业生产力出现跃升。这跃升，主要源自铁器、牛耕、水利等技术的引进和推广，带动了土地的大规模开发和农作物产量的增加。从农具的变迁来看，在商代，农具大抵是石制和木制的；到了周代，通行的金属是铜，但铁已经出现。进入春秋之后，铁器应用渐广，铁制的农具得到了广泛的应用。《国语·齐语》记载说，管仲向齐桓公建议："美金以铸剑戟，试诸狗马；恶金以铸鉏夷斤欘，试诸壤土。"这里的"美金"，是指青铜，"恶金"则是指铁，证明其时铁农具的使用颇为普遍。以往，牛大抵专门用来拉车的，或者用作牺牲，进入春秋之后，牛耕的方法发明出来了，并在农业生产上得到应用与推广。春秋时，晋国世族范氏、中行氏在内战中败北，他们的子孙逃到齐国，务农为生。晋国大夫窦犨把"今其子孙将耕于齐"比作"宗庙之牺为畎亩之勤"，是存在牛耕的证据。孔子的弟子中，司马耕字子牛，冉伯牛名耕，也是一个证据。这一时期，水利灌溉事业也得到了发展。如孙叔敖在楚国大兴水利，主持兴办大型引水灌溉工程，"决期思之水，而灌雩娄之野"，大大改善了当地的农业生产条件。

工欲善其事，必先利其器。农业工具（铁器农具）和耕作方法

（牛耕）的改良和普及，加上水利灌溉的改善，不仅使得原有耕地的产量大幅提升，更为重要的，是大量无主的荒地得到了开发利用。开辟这些荒地的，有从事农业生产的拥有份地的"国人"（"士食田"即之士），也有在君主、卿大夫的封地和采邑中劳作的"野人"（"庶人食力"之庶人，即农奴）。这些新开辟的荒地，不在原有封建下的土地分配制度所管辖范围之内，是无主的，渐渐地为开辟者所占有，成为其私有的土地。这些新辟土地上的产出，自然也归其收获。《左传·僖公十五年》记载，是年十一月，秦晋两国交战，晋军大败，晋惠公为秦军俘虏。晋国为扭转败局，采取了两项措施，其一是"作爰田"，其一是"作州兵"。州是国与野之间的中间地带，国人居住于国中，野人则居住于野里。"作爰田"和"作州兵"就是一面承认国人与野人新开辟的土地的合法性，一面要求其因此承担相应的军赋。郑国的子产执政后，按封建之义重整田界，竟然惹得国人大怒，竟至于喊出"孰杀子产，吾其与之"。内中的消息也很耐人寻味，大抵是国人新开辟的私有土地被划归公有土地了。

在一个农业经济体中，农业是一国最重要的财源所在。因此，鲁国的"税亩"政策的推出，无疑是一项极为重大的制度改革。该政策具体是如何推行的，史籍上没有记载。合乎逻辑地推断，"履亩而税"或者"案田而税"的推进，首先实施于新开辟的土地，然后推广至国人的份地进而及于卿大夫的采邑。因为这样执行，改革面对的阻力最小，改革费用最低。

履亩而税的"税亩"制度也促成了田制的转变。封建制度下，土地所有权属于周天子，诸侯、卿大夫和士作为"有田阶级"，拥有着土地的使用权和收入权。土地则按照使用方式和收入性质的不同,分为"公田"与"私田"两种。所谓"公田",是国人共同耕种的用于家族内的祭祀、救济等公共开支的土地;所谓"私田",是国人分配得到的"一夫百亩",是自己耕种的"份地"。不言而喻,在公田上集体劳作,人们偏于偷懒,出工不出力,监管费用高而产出低下。相较之下,不分"公田"与"私田",直接按照每户家庭耕作的实际土地数量来征收赋税,有一亩田,就收一亩田的税,无疑是更有效率的土地制度安排。荒地的开发形成的私人占有土地现象的出现,财政匮乏的窘境,最终促成了"税亩"制度的实施。以土地私有为特征的小自耕农,加上履亩而税的税收制度,适应于中央集权制度的"小农经济"由此而萌芽,并在其后数千年间成为这个文明古国的主要经济形态。

总而言之,"税亩"制度的实施,在增加国家财政收入的同时,也为中央政府一统全国的财政权开辟了一条通道。说过了,封建制度下卿大夫的封地或者采邑,是一个独立的政治、经济和军事实体,是"国中之国"。对一国之君而言,每封出一地,意味着失去一处财源,封出去的土地越多,财源失去越多。"税亩"制度的出现,为打破财源的割据状态,将全国范围内的财政权收于中央政府打开了大门。当"税亩"制度覆盖至疆域内的每一亩土地之日,便是中央政府一统全国财政权之时。

结论

局限条件的转变,带来制度安排(合约安排)的转变;而制度安排的转变,导致人们行为的转变。这是经济学解释历史和事实的理论逻辑。上述论述可见,西周至战国之间,从封建制度过渡至中央集权制度的制度变迁,主要源自两大局限的转变:其一,"王室衰微"导致"诸侯力征"。作为诸侯之君的周王室因为实力衰落,进入东周之后,无力约束各地的诸侯,诸侯之间由是征伐不断。从史籍的记载看,从春秋到战国,战争随时间的迁移而越发惨烈。春秋时列国之间的战争,讲究各式的礼仪和程序,近于"君子之战",对方屈服便收兵,不以消灭对手为目的。到了战国,战争以兼并对方为目标,变得格外残酷,所谓"争地以战,杀人盈野;争城以战,杀人盈城"(《孟子·离娄上》),"天子之怒,伏尸百万,流血千里,天下缟素"(《战国策·魏策》),杀人动辄上万乃至数十万。战争逼迫各国重视边防,"县""郡"于是乎萌芽于春秋而大成于战国;战争导致各国的财政压力骤增,旨在增加一国财政收入的"履亩而税"或者"案田而税"的"税亩"制度于是乎应运而生。其二,封建制度实行了数百年之后,也走到了难以为继的地步,因为土地、人口资源有限,连续不断地"封土赐民"之后,终至于无土可封无民可赐。以粮食作为官员俸禄的"谷禄"制度随之兴起。

因应于现实困境而创设的三大制度安排,即"县""郡"制度、"谷禄"制度以及"税亩"制度,却在无意间破解了封建制度下的"王权困境":层层"封土赐民"之下,地方割据兴起,导致中央政府的权力渐益削弱和旁落。这"地方割据",表现于地理空间和权力,后者包括政权、兵权以及财权。上述三大新兴的制度安排的出现,从根本上为"王权困境"的终结打开了通道:"县"的创设,打破了地理空间的割据;"谷禄"制度的兴起,打破了行政权和兵权的割据;"税亩"制度则打破了财政权的割据。因封建制度而带来的领土、行政权、兵权和财政权的分割,借此得以重新整合,一统于中央政府,中央集权制度水到渠成。

与此同时,适应于中央集权制度的运作费用也在快速下降。譬如说,春秋之时,邮驿系统便已出现——"孔子曰:德之流行,速于置邮而传命。"(《孟子·公孙丑上》)意味着中央政令的下达与地方情况的上呈之讯息传达费用的快速下降。又譬如说,从春秋到战国,各国大兴水利。春秋末年,吴国分别开凿了邗沟和荷水,将长江水系和黄河水系连接起来。进入战国之后,中原大规模的水利工程——鸿沟陆续开凿而成,把黄河水系与淮河水系加以沟通。人工运河的开凿和水利工程的建设,不仅有利于农业灌溉,也构成了一张水上交通网络,便利于运输和商业发展,使得包括粮食在内的货物在京师与地方以及地方与地方之间的转运费用为之大降。

在国与国之间的竞争中,一个是能够集全国之力的中央集权制度的国家,一个是地方割据满布的封建制度的国家,谁会在竞争中获胜?不消说,当然是前者!经过各自的改革,"战国七雄"先后将上述新兴的三大制度安排在国内引进、推开,成为中央集权制度的国家,进而在列国的竞争中胜出。接着,便是各国之间合纵、连横,为逐鹿中原而展开惨烈厮杀。最终,"六王毕,四海一",起于西隅的秦国杀出重围,席卷天下,并吞八荒,成为最后的赢家。在东方的地平线上,一个庞大的中央集权制度的帝国迎面走来。

"六王毕,四海一":
统一中国的为什么是秦国?

公元前221年,即秦始皇二十六年,秦军兵临齐国首都临淄,齐人不战而降。齐国末代君主田建被安置于偏远的共地,最终饿死他乡。至此,"六王毕,四海一",战国七雄纷争的局面画上句号,天下一统。向上追溯至公元前453年。那一年,韩、赵、魏"三家分晋",一个名曰"战国"的时代由此发端。历经两百多年的刀光剑影,硝烟散去,别的国家全部倒下了,唯一站立着的,是那个最初为中原诸国所轻视,"夷狄遇之"的秦国。

水患、战祸促成"天下归一"

平王东迁之后,作为中央政府的周王室日益衰落,无力约束割据各地的诸侯,列国之间的征伐不断。这便是所谓的"王室衰微,诸侯力征"。经过春秋时期齐、晋、楚、秦、吴、越等国一番轮流"争霸"的事业,中原地区的诸侯国数量大幅减少。进入战国之后,粗略而言,有所谓"战国七",即七个大国,齐、楚、燕、韩、赵、魏、秦,以及"泗上十二诸侯",即宋、卫、鲁等十二个小国。又经过两百多年的兼并战争,天下归一,诞生了中国历史上第一个统一的中央集权制帝国——秦朝。

从诸侯林立到天下一统,是什么促成了古代中国走向统一?概而言之,"天下归一"的主要驱动力有二:一曰水患,一曰战祸。

纵观人类各大文明的起源,无不诞生于江河流域。华夏文明自然也不例外。黄河被中国人誉为"母亲河",即因为华夏文明发祥于黄河两岸。这条大河长达五千多公里,其中游河段流经黄土高原,加上该地区多条支流的汇入,导致黄河流水中夹带着大量的泥沙,其含沙量之高为全球河流之最。由此带来的后果,是黄河经常淤塞河床,或漫溢泛滥,或改道而走,水患不断。几乎可以说,在华夏文明的发展进程中,黄河水患如影随形。上古传说大禹治水,"劳身焦思,居外十三年,过家门不敢入",或曰"生子启呱呱啼不及视,三过其门而不入室,务在救时",其时水患之严重可以想见。鲁僖公九年秋季,春秋时的首位霸主齐桓公又一次主持"葵丘会盟",与会的诸侯国达成一份协议,协议包括五项内容,其中有一项提到"无曲防",旨在约束各国在修筑堤防治理水患时不能损人利己。周定公五年,黄河改道首次见载于史册——"定王五年河徙",足见这一次水患的危害甚大。战国时期,有关黄河水患的记载明显多起来了。水患频繁,一个重要的原因,缘起于各国在黄河两岸大规模修筑堤防。

《孟子·告子》记载了孟子与白圭的一番对话。白圭善于修筑堤坝,自夸治水能力高于大禹,孟子回应说,你的治水方法,不过是"以邻国为壑"罢了。孟子此言,可谓指出了战国时各国治理水患的本质。《汉书·沟洫志》全文刊载了西汉末年贾让提出的治理黄河的"上中下策",在这"治河三策"中,贾让写道:"盖堤防之作,近起战国,壅防百川,各以自利。齐与赵、魏以河为境。赵、魏濒山,齐地卑下,作堤去河二十五里。河水东抵齐堤,则西泛赵、魏,赵、魏亦为堤去河二十五里。虽非其正,水尚有所游荡。时至而去,则填淤肥美,民耕田之,或久无害,稍筑室宅,遂成聚落。大水时至漂没,则更起堤防以自救。"其意是说,战国时,为了自己的利益,各国开始大规模修筑堤防。譬如说,齐国和赵国、魏国以黄河为界,赵、魏两国在西,地势高,齐国在东,地势低,河水一旦泛滥,齐国境内就会被淹,于是齐国在距离黄河二十五里处修筑了堤防。如此一来,河水泛滥到了西边的赵、魏两国,两国遂在距离黄河二十五里处修筑了堤防。其结果是河水在黄河两岸五十里之间游荡,忽来忽去,有时候很长时间没有水灾,百姓看到沿岸的土地肥沃,便开始耕作,并建筑房屋,逐渐聚成村落;忽然大水又来了,将这一切全部冲毁,不得不再修筑堤防以自救。

又有因为两国矛盾,处于上游的国家故意阻塞水利,妨碍别国农业生产的。《战国策·东周策》即载有一例:"东周欲为稻,西周不下水。"地处上游的西周不放水,导致下游的东周无法种植水稻,最终由苏秦出面游说方才得以解决。

战国时期的另一类水患,则完全是人为的,那便是在战争中决堤放水,以洪水为武器来进攻或者抵抗敌军。从《史记·赵世家》的记载来看,赵国多次在作战中采用此法。赵肃侯十八年,齐、魏联军攻赵,赵决黄河水灌之,迫使两国退兵;赵惠文王十八年,赵国又决黄河水进攻魏国,引发大水灾,并导致漳水决口。又如秦始皇二十二年,秦将王贲攻魏,包围了魏国首都大梁,引黄河、大沟之水灌大梁，三个月后"大梁城坏"，魏王请降，魏国遂灭。

因为人性本私，割据一方的列国治理水患必然以自身利益的最大化为依归，"各以自利"以至于"以邻国为壑"，不仅理由固然，而且势所必至。由此引发的纠纷乃至战争不论，单从治水的角度来说，列国割据的状态，不但不能从根本上治理水患，而且因为各自以邻为壑，导致了更多的水患发生。上述提及的赵国、魏国和齐国在黄河两岸各自修筑堤防，造成黄河水在彼此间游荡，"大水时至漂没"；又如赵国决黄河水进攻魏国，秦将王贲引黄河、大沟之水灌大梁，泛滥成灾，都是显明的事例。

面对洪水等自然灾害的发生，当时的人们也看得清楚，因为掌控的疆域广、资源多，相较于小国，大国拥有更大的转圜余地和更强的抗灾救灾能力。魏国地跨黄河两岸，梁惠王曾经告诉孟子："河内凶，则移其民于河东，移其粟于河内；河东凶，亦然。"（《孟子·梁惠王上》）

列国割据，分头治水，"各以自利"或"以邻国为壑"是必然的。那么，如果将列国整合成一个统一的国家之后，整个黄河流域皆为一国之所有，则治理水患不得不从全流域的角度加以整体考量。这不仅能够从根本上杜绝治理水患时"各以自利""以邻国为壑"，消弭由此引发的纠纷乃至战争，而且由于掌控的疆域广，资源多，拥有和具备更为强大的抗灾救灾能力。这是说，治理水患应对灾害，一个统一的国家远胜于列国割据的状态。纷争的战国时代最终以统一画上句号，不是偶然的，黄河水患的频繁发生，是其内在的驱动力之一。

水患是天灾，战争则是人祸。当然，不少人祸是由天灾引起的,但并非全部,更多的,其实是因各国之君主的"大欲"而起——孟子问齐宣王:"抑王兴甲兵,危士臣,构怨于诸侯,然后快于心与?"王曰:"否。吾何快于是?将以求吾所大欲也。"(《孟子·梁惠王上》)从春秋进入战国之后,战争的形态发生了极大的改变。简而言之,春秋之时,各国的军队人员较少,大国的兵力也不过数万而已,士兵的主体是贵族阶层的"国人"。战斗的形式,大抵以马车组成的车阵战展开,一国之君主往往身临前线,直接参与指挥战役。战争又讲究各式的礼仪和程序,对方屈服便收兵,近于"君子之战"。其时战争的目的,意在"争霸",而非兼并、消灭对手。顾炎武言:"终春秋二百四十二年,车战之时未有杀人累万者。……先王之用兵,服之而已,不期于多杀也,杀人之中,又有礼焉。"(《日知录》)此之谓也。到了战国,各国的兵力较春秋时成倍增长,往往数十万之众,士兵的主体也变为农民。战斗的方式,则由车战变为步骑兵为主的野战和包围战。战争的目的,也由"争霸"转变为直接兼并、消灭对手。武器的进步、战争规模的扩大、战争方式的改变和战争目标的转变,使得战争变得格外惨烈、残酷和血腥,杀人动辄上万乃至数十万。"争地以战,杀人盈野;争城以战,杀人盈城";"天子之怒,伏尸百万,流血千里,天下缟素"。这是当时的人们对战争的描述。

连绵的战争带来的是无尽的消耗。苏秦游说齐闵王时,为后者算过一笔账,一场战争将对国家消耗几何。战争彻底打乱日常的生产生活秩序不论,先期的准备费用也不论,光是战争发生后人员救死扶伤和武器装备损耗这两项费用中的任何一项,便是十年的田租也不足以偿付——"死者破家而葬,夷伤者空财而共药,完者内醻而华乐,故其费与死伤者钧。故民之所费也,十年之田而不偿也。军之所出,矛戟折,镮弦绝,伤弩,破车,罢马,亡矢之大半。甲兵之具,官之所私出也,士大夫之所匿,厮养士之所窃,十年之田而不偿也。"(《战国策·齐策》)纵横家给出的数字或许有夸张,但其所言,"战者,国之残也,郡县之所费也",无疑是实话,也是真理。

战争最大的苦难,没有疑问,落在百姓的身上。他们不仅要上战场,随时可能丢掉性命,而且要负担起所有的租税、军赋和徭役。无怪乎《吕氏春秋·振乱篇》的作者发生这样的感叹:"当今之世浊甚矣,黔首之苦不可以加矣。"因此之故,人民迫切地渴望着统一,渴望着结束无休止的战争以摆脱深重的灾难。这是当时的民心所向,民意所在,也是纷争的战国走向统一的内在驱动力之一。

或者要问,战国之前,譬如说春秋时代,也有水患,也有战祸,何以最终没有促成诞生一个统一的国家?回答是,整体来看,春秋时水患、战祸带来的损害不大,不足以促成中原诸国统一,而至战国后,水患、战祸带来的损害已成"不能承受之重",统一势在必行。先说水患。春秋时,有关黄河水患的记载很少,是因为其时黄河水患少吗?并不然的。主要的原因,是因为当时中原地区地广人稀,大量的土地没有开发,荒无人居,多有"斩之蓬蒿藜藿"或者"狐狸所居,豺狼所嗥"之地。黄河漫溢泛滥或改道对人们的生命和财产影响不大,故而不受人们重视。迄至战国,一面是人口大幅增加,一面是铁制农具的普及和牛耕方法的推广,加上水利的开发,土地产出大幅提升。原本荒芜不治的土地被不断开发,并逐渐形成村落乃至建筑起城邑。每一次水患带来的生命和财产损失较春秋时暴升。实际上,各国在黄河两岸纷纷修筑堤防本身便足以说明水患带来的损害之大。修筑堤防付出的人力财力不菲,倘若不是修筑堤防的收益足以弥补水患带来的损失,列国又怎会花费如此代价修筑堤防?战祸亦如是。一言以蔽之,水患、战祸带来的损失,战国时代较春秋时期急剧上升!这意味着,中原地区维持列国割据格局的代价和费用越来越高,越来越不堪承受,而一个统一的中央集权制国家,则可以直接节省这一越发高昂的成本和费用。列国割据的代价有多高,一统中原节省的费用就有多高。加之战国时水陆交通的发达,统一的中央集权制度的运作费用亦因此大幅下降了。此所以"天下归一"发生于战国而非春秋也。

走向统一的时代潮流其实也为当时各个流派的思想家所洞见。孟子说:"定于一";荀子则说:"一天下,财万物,长养人民,兼利天下";墨家提倡"尚同""一同天下之义";法家鼓吹"兼并天下";杂家则贵"执一"。其分歧,不过达成统一的方法和途径不同罢了。

武功最盛是秦国胜出之因

天下一统既是时代之潮流,顺理成章,接下来的问题,便是完成统一天下的"天之大任",又将由谁来完成?

梁襄王向孟子提出过这个问题:"孰能一之?"孟子的回答是:"不嗜杀人者能一之。"(《孟子·梁惠王上》)事实证明孟子错了。因为在战国的兼并战争中胜出、最终一统天下的,是杀人如麻的秦国!

孟子为什么错了?无他,他看错了决定胜负的竞争准则。

"物竞天择,适者生存。"这是大自然的生存竞争法则,简单不过:弱肉强食,胜者生,负者死。人类社会的竞争规则复杂得多。人类社会的竞争,主要是人与人之间的竞争。其之根源,是人类生活的真实世界资源稀缺,而又多过一人。某种物品,我想要,你想要,他也想要,粥少僧多,竞争于是乎无可避免。为了处理和解决人与人之间的竞争,人类发明了各种制度安排。所谓制度安排,是制定竞争的游戏规则,约束人们的竞争行为,什么可以做,什么不可以做;同时明确决定胜负的准则,何者为胜,何者为负。每一种制度安排,都对应着决定胜负的准则。譬如说,在"市场"这一制度安排下,决定胜负的准则是市价,价高者得,谁出价高谁就获胜;在"论资排辈"的制度下,决定胜负的准则是年龄,谁年纪大谁就获胜;高考制度下,决定胜负的准则是分数,谁考出高分谁就胜出;大城市的"积分落户",决定胜负的准则是积分,谁先达标谁先落户;在官僚体系中,决定胜负的准则是官阶,"官大一级压死人",谁官大话语权就归谁……诸如此类,不胜枚举。社会复杂,归根结底,是因为人与人之间的竞争复杂,约束人们竞争行为的制度安排复杂。

在人类发明的制度安排中,有一种制度安排叫战争,其决定胜负的竞争准则,是武力的高下。即胜负由武力的强弱决出,强者胜,弱者负。这一竞争的胜负准则,与大自然"弱肉强食"的生存竞争法则如出一辙。不奇怪,因为人类原本就是生物之一种,也是大自然的一部分。人类的进化,从制度安排的角度看,其实就是发明了各式各样的制度安排,来尽可能地替代"弱肉强食"的制度安排,以减少社会的租值消散。武力决定胜负或者说"弱肉强食"的竞争准则,是人类社会乃至大自然决定胜负的终极准则。人类发明的所有制度安排,都是建立在这一基础之上的,因为任何制度要有约束力,其背后必须有强制力作为保障。举例以明:市场之上,决定胜负的准则是市价。乍看似乎与武力无关,然而追究下去会发现,有市场才会有市价,而市场的出现,私有产权制度是前提。产权的界定和保障靠什么?法律!法律何以对人们的行为有约束力?是因为其背后有公检法等国家暴力机构的支持。质言之,市场的运作,背后由武力维护着。

至此,梁襄王"孰能一之"的提问,其答案可谓水落石出:武力强者能一之。战国七雄逐鹿中原,本质是兼并战争,决定胜负的竞争准则自然是武力的高下,也就是韩非所说的"当今争于气力"(《韩非子·五蠹》)。之所以是秦国而不是其他国家最终胜出并一统天下,是因为秦国的武力最强,武功最盛。

秦国也并非素来强大。在进入战国的很长一段时期内,秦国远不是一个强国。《史记·秦本纪》载:"秦僻在雍州,不与中国诸侯之会盟,夷翟遇之。"秦孝公发布的求贤令中也提到:"会往者厉、躁、简公、出子之不宁,国家内忧,未遑外事,三晋攻夺我先君河西地,诸侯卑秦,丑莫大焉。"足见其时秦国的国际地位和影响力甚微,在国际事务中也没有什么话语权,于中原诸大国而言,不过是偏居一隅的蛮夷之邦而已。秦国的强盛,始于商鞅变法。秦孝公六年和十二年,商鞅在秦国主持推行了两次变法,令秦国面目一新:"道不拾遗,民不妄取,兵革大治。"(《战国策·秦策》)秦国亦由此国力大增,不仅一跃而入强国之林,也为最终一统天下打下了坚实的基础。"商鞅相孝公,为秦开帝业。"此之谓也。

商鞅面见秦孝公四次,分别说以"帝道""王道""霸道"和"强国之术"。秦孝公对"帝道""王道"避之唯恐不及,对"霸道"颇有兴趣,而对"强国之术"则"大说之","语数日不厌"。秦孝公何以对"强国之术"情有独钟?秦孝公自己说得很坦白:他不耐烦要等上几十年、上百年才能成就的帝王大业,急于在位时便名扬天下——"且贤君者各及其身显名天下,安能邑邑待数十百年以成帝王乎?"(《史记·商君列传》)因此,商鞅在秦国的改革,重点有二:其一,是在"强国",主旨在国不在民。实际上,商鞅之见,是强国必须弱民、愚民;其二,必须在短时期内快速见到成效。其推行的所有变法举措,都以上述两点为依归而展开。

商鞅认为,强国的根本在于"农战"——"国之所以兴者,农战也。"(《商君书·农战篇》)农者,农耕也,战者,作战也。但是,农耕和作战这两件事情,恰恰是百姓最为畏难的——"民之外事莫难于战";"民之内事莫苦于农"(《商君书·外内篇》)。那么,如何才能驱使百姓从事农耕与作战呢?商鞅的手段,要而言之,"刑赏"而已。"刑赏",即威逼利诱也。翻成大白话,就是"大棒加胡萝卜":一面用严刑峻法迫使民众不得不从事农战,另一面则用优厚的利禄官爵诱惑百姓主动尽力于农战。先说刑。商鞅主张的严刑峻法,不是重罪重罚轻罪轻罚的法治原则,而是对轻罪处以重刑,从严从重处罚。他认为,正因为"民之外事莫难于战",所以"轻法不可以使之";正因为"民之内事莫苦于农",所以"轻治不可以使之"。他也认为,重罪重罚轻罪轻罚,人们还是会违法犯罪,唯有轻罪重刑,人们才不敢违法犯罪。这是"以刑去刑"之法,"明刑之犹,至于无刑也"(《商君书·商刑篇》)。荀子游历秦国时,看到秦国百姓朴实忠厚，官吏守法奉公，朝廷无为而治，认为其风俗颇有上古之意："其百姓朴，其声乐不流污，其服不挑，甚畏有司而顺，古之民也；及都邑官府，其百吏肃然，莫不恭俭、敦敬、忠信而不楛，古之吏也；入其国，观其士大夫，出于其门入于公门，出于公门归于其家，无有私事也。不比周，不朋党，倜然莫不明通而公也，古之士大夫也；观其朝廷，其闲听决百事不留，恬然如无治者，古之朝也。"(《荀子·强国篇》)这是皮相的观察。秦国官民的安分，可不是因为其风俗有如上古之时，乃是严酷的刑罚造就的高压社会的表象，也即是商鞅所谓的"以刑去刑，国治"(《商君书·去强篇》)。

严刑峻法是大棒，利禄官爵则是胡萝卜。为了激励百姓尽力于农战，商鞅将利禄官爵与农战直接捆绑在一起。因为他认为，"利出于地，则民尽力；名出于战，则民致死"(《商君书·算地篇》)。不止此也。他进一步强调，必须"利出一孔"，即想要获取利禄官爵，只有农战一途，别无他法。商鞅认为，如果可以通过其他渠道获得利禄官爵，则百姓无法归心于农战——"夫民之不可用也，见言谈游士事君之可以尊身也，商贾之可以富家也，技艺之足以糊口也。民见此三者之便且利也，则必避农。避农，则民轻其居，轻其居则必不为上守战也。"(《商君书·农战篇》)为此，他对农战以外的各行各业不遗余力地加以抑制和打击。从《商君书·垦令篇》的记载来看，他禁止人们学《诗》《书》，研习学问；不允许开设旅馆("废逆旅")；由国家垄断山林川泽，不许百姓私自打猎、捕鱼和开矿("一山泽")；对市场上的交易课以重税("重关市之赋")，并加重经商者徭役负担，按照包括奴仆在内的所有人口数量来摊派徭役("以商之口数使商，令之厮舆徒重者必当名")。

这里要重点提及商鞅设计、制定的奖励军功的等级爵位制度，因为这直接关乎秦国士兵在战场上的表现。商鞅将爵位分为二十级：第一级公士，第二级上造，第三级簪袅，第四级不更，第五级大夫，第六级官大夫，第七级公大夫，第八级公乘，第九级五大夫，第十级左庶长，第十一级右庶长，第十二级左更，第十三级中更，第十四级右更，第十五级少上造，第十六级大上造（大良造），第十七级驷车庶长，第十八级大庶长，第十九级关内侯，第二十级彻侯。一至四级相当于"士"，五至九级相当于"大夫"，十至十八级相当于"卿"，十九级、二十级相当于"诸侯"。二十等级爵位制度的创立，主旨是用来奖励军功，以激励士兵在战场上奋勇拼杀。其设计的激励机制直接而简单：凡行伍中人，不论将官、士兵，也不问出身，一律以其所立之军功给予赏赐。军功以在前线斩杀的敌人首级数量计算，经过公示，授予相应的爵位。不同等级的爵位对应着不同的权利，包括耕地、住宅、奴仆以及担任一定的官职。譬如说，斩得敌人甲士（军官）首级一颗，奖赏爵位一级，耕地一顷，宅地九亩，奴仆一个——"能得爵首一者，赏爵一级，益田一顷，益宅九亩，一除庶子一人。"（《商君书·境内篇》）如想要做官的，则"为五十石之官"（《韩非子·定法篇》）。斩得敌人甲士首级五颗，可奖励五家人家作为其"隶属"——"功赏相长也，五甲首而隶五家"（《荀子·议兵篇》）。激励机制也考虑到了作战时团队合作的重要性。作战时五人一组，如有一人临阵脱逃，其余四人将受惩罚，但如果其中有人斩得敌人首级一颗则免于处罚——"其战也，五人来簿为伍，一人羽而轻其四人，能人得一首则复"（《商君书·境内篇》）；如将官战死，卫兵将受刑罚，但如果卫兵中有人斩得敌人首级一颗，则免于刑罚——"战及死吏,而轻短兵,能一首则优"(《商君书·境内篇》);攻城战斩首敌军八千,野战斩首敌军二千,从士兵到将军皆有赏赐——"能攻城围邑斩首八千已上,则盈论;野战斩首二千,则盈论;吏自操及校以上大将尽赏。"(《商君书·境内篇》)

明乎此,则不难明白,为什么在《史记·秦本纪》中,自此之后,满是"斩首八万""斩首八万二千""斩首万""斩首六万""斩首二万""斩首二十四万""斩首四万""斩首十五万""斩首五万""四十余万尽杀之"之类的记录。是秦国的士兵生性凶残嗜血么?非也。这是等级爵位制度驱使的结果。制度约束着人们的行为,有什么样的制度,就有什么样的行为。

兼并之后的"坚凝"之术

然而,战国时期武力强盛的国家不唯秦国。战国初期,魏文侯任用李悝为相国,率先变法,富国强兵,跃升为当时的第一强国。战国中期,东方六国中最强大的齐国与秦国长时间对峙,势均力敌,因此秦昭襄王自称"西帝"时,也给齐湣王送了一顶"东帝"的帽子。魏国和齐国都曾经煊赫一时,也屡屡攻城拔寨,在战场上取得过一次又一次的胜利。为什么它们没有如秦国那样,积小胜为大胜,一步步地开疆拓土,最终形成碾压式的整体优势而统一中国?

荀子探讨过这一问题。《荀子·议兵篇》云:"兼并易能也,唯坚凝之难焉。齐能并宋而不能凝也,故魏夺之;燕能并齐而不能凝也,故田单夺之;韩之上地,方数百里,完全富足而趋赵,赵不能凝也,故秦夺之。故能并之而不能凝,则必夺;不能并之又不能凝其有,则必亡。能凝之,则必能并之矣。"他认为,在兼并战争中取得胜利是容易的,但要保留和巩固胜利果实很难。齐国兼并了宋国,因为不能"凝",被魏国夺去了;燕国兼并了齐国,因为不能"凝",被田单复国了;韩国的上党郡为赵国所取得,因为不能"凝",又被秦国夺走了。那么。怎样才能做到"凝"呢?他给出的答案,是"凝士以礼,凝民以政;礼修而士服,政平而民安,士服民安,夫是之谓大凝。"

荀子说"政平而民安"当然对。因为"水能载舟,亦能覆舟",百姓不安定,国家必然不太平,尤其是新兼并的土地,很容易得而复失。齐宣王六年,燕国发生内乱,齐国乘机发兵大举攻燕,只用了五十天便攻占了几乎整个燕国。然而,因为"杀其父兄,系累其子,毁其宗庙,迁其重器",令燕国人民"如水益深,如火益热",纷纷奋起反抗,加上赵、魏、韩、楚、秦等国纷纷施压,齐国最终被迫撤军。此即其一例也。然而,"政平而民安"一语,不过是空泛之言,没有内容,说了等于没说。不错,"凝民以政","政平而民安",问题是,什么样的政策措施才能够"凝民",实现"民安"?换言之,秦国究竟做对了什么,使其既能"并之"又能"凝之",进而在兼并战争中一步步发展壮大,最终扫平天下?从以下几项政策措施中,略可管中窥豹:

《商君书》有《徕民》一篇,其主旨是极力建议秦王采纳一项政策:招徕他国民众。文中首先分析指出,秦国地广人稀,而邻国韩、赵、魏正相反,地狭人稠;进而建议秦国通过给予土地、赐予爵位和免除赋税等的方法,来吸引三晋民众前来。作者认为,徕民之策有百利而无一害,不但可以借此获得上百万农夫,弥补秦国农业劳动力的不足,也将使本国广大的荒芜土地得到开发利用,增加粮食产量；更大的好处，则是解决了"农"与"战"不能两全的困境，因为有新来的民众从事农业劳作，秦国的百姓可以专心于作战——"夫秦之所患者，兴兵而伐则国家贫；安居而农则敌得休息。此王所不能两成也，故三世战胜，而天下不服。今以故秦事敌，而使新民作本，兵虽百宿于外，竟内不失须臾之时，此富强两成之效也。"不止此也。招徕三晋民众来秦，在削弱韩、赵、魏三国的国家实力上，能够起到与兴兵征伐同等甚至过之的效果，而且代价远比后者要小——"今以草茅之地，徕三晋之民而使之事本，此其损敌也，与战胜同实，而秦得之以为粟，此反行两登之计也。且周军之胜、华军之胜、长平之胜，秦所亡民者几何？民客之兵不得事本者几何？臣窃以为不可数矣……今臣之所言，民无一日之繇，官无数钱之费，其弱晋强秦，有过三战之胜。"这里不论"徕民"之策对秦国的益处，单说对三晋民众而言，无偿分配土地、赐予爵位和免除赋税之举，无疑具有极大的诱惑力，足以"凝"之，亦足以"安"之。此其一。

秦国对侵犯他人产权的行为，刑罚极为严厉。湖北云梦出土的《秦律》是战国时秦国执行的法律，写于战国晚期。从其法律条文看，其首要打击的对象，便是"盗贼"。"盗"，是指非法占有别人财物之行为，是对他人财产权利的侵犯；"贼"，则是指杀伤他人的行为，是对他人人身权利的侵犯。《秦律》对盗窃他人财物的行为量刑极重，比如五人共同行盗，赃物在一钱以上，"斩左止"（断去左足），"黥以为城旦"（施以墨刑，并处以修筑城墙之苦役）；不满五人，所盗超过六百六十钱，"黥（劓）以为城旦"；不满六百六十钱而在二百二十钱以上，"黥为城旦"；不满二百二十钱而在一钱以上，"迁之"（流放）。偷采别人家的桑叶，即便"不盈一钱"的，也要"赀徭三旬"（罚处徭役三十天）；盗马者判处死刑,盗牛者处以枷刑——"商君刑弃灰于道而秦民治,故盗马者死,盗牛者加,所以重本而绝轻疾之资也。"(《盐铁论·邢德篇》)《秦律》严禁侵犯土地私有产权。其有一律文曰："盗徙封,赎耐。""封",是划分田界的阡陌或顷畔。所谓"盗徙封,赎耐",是将私自改变田界的行为定性为"盗",要处以耐刑（剃去鬓发）,但可以出钱赎罪。在战乱频仍导致民不聊生"盗贼"四起的时代——战国初期,魏国主持变法的李悝便说："王者之政,莫急于盗贼",秦国对私人产权的坚定维护,对生活在《秦律》施行的土地上的百姓,足以"凝"之,亦足以"安"之。此其二。

在兼并战争中,秦国频频采用一项政策："迁"。《史记·秦本纪》载：昭襄王二十一年,"错攻魏河内。魏献安邑,秦出其人,募徙河东赐爵,赦罪人迁之"；昭襄王二十六年,"赦罪人,迁之穰"；昭襄王二十七年,"错攻楚,赦罪人迁之南阳"；二十八年,"大良造白起攻楚,取鄢、邓,赦罪人迁之"；昭襄王三十四年,"秦与魏、韩上庸地为一郡,南阳免臣迁居之"。这是秦国在攻取和占领了他国的领土之后,将本国的罪人赦免,迁到新征服的疆域,以充实当地的人口。充实新征服地区的"赦罪人迁之"的政策,昭襄王时期使用最为频繁,道理简单,该时期秦国领土极速扩张。

"迁"入的同时,亦有"迁"出。秦国夺取得魏国的曲沃之后,"尽出其人"；攻下魏国的安邑后,一面"赦罪人迁之",一面"出其人"；齐王田建投降后,"迁之共"。《史记·货殖列传》亦载："秦破赵,迁卓氏。……诸迁虏少有余财,争与吏,求近处,处葭萌。"这些被秦国强制迁出之人,主要是他国的贵族和大工商业者,因为这些人在当地势大财雄,不容易管治——"难制御也"。其做法和用意,大抵是取法于周公在平定"三监之乱"后"迁顽民于洛邑"之举。从《史记·货殖列传》的记录来看,这些被迁出之人也往往并非集中于一处,而是分散于各地,故而有争相贿赂主管官吏希望被分配至近处的现象发生——"争与吏,求近处"。那目的,无非是为了防止别国遗民抱团反抗作乱。

不管是"迁"入还是"迁"出,目的其实只有一个,就是大幅降低新征服地区的治理费用!因为领土在急剧扩张,要守住和巩固占领的疆域,迁入本国的居民和迁出有势力的他国遗民以防反抗作乱,是最为直接而有效的办法。对迁入新征服土地的秦国"罪人"而言,一面免罪而成为平民,一面又获得土地而能从事农业劳作,当然足以"凝"之,亦足以"安"之。此其三。

临末来一个"总结陈词"罢:在"水患"和"战祸"的双重驱动下,纷争的战国时代最终走向统一是历史的必然选择。"僻在雍州"的秦国,因为商鞅变法而由弱变强,最终在战国七雄中突围而出。商鞅变法的要点,是以"农战"为目标,以"刑赏"为手段,将秦国的百姓塑造成一个个为战争而生的机器——在家务农是为打仗积累物资,外出作战则充当兵士,从而迅速地大幅提升了秦军的战斗力。虽然商鞅本人不得善终,但其推行的变法措施在其身后一直为秦国所奉行。正是凭借着以商鞅思想锻造的虎狼之师,在以武力高下决定胜负的战争中,秦国一次次地击败对手,进而兼并了别国的土地和人民。而其无偿分配土地和免除赋税的"徕民"之策,对私人产权的坚定维护,以及大幅减少治理费用的"迁"之方略,将兼并而来的土地和人民成功地"凝"于一体。由此积小胜为大胜,秦国最终横扫六合,并吞八荒,完成了统一中国的历史使命。

五

"举孝廉,父别居":
汉代为何盛产伪孝子?

五 "举孝廉,父别居":汉代为何盛产伪孝子?

"汉郭巨,家贫。有子三岁,母尝减食与之。巨谓妻曰:'贫乏不能供母,子又分母之食。盍埋此子?儿可再有,母不可复得。'妻不敢违。巨遂掘坑三尺余,忽见黄金一釜,上云:'天赐孝子郭巨,官不得取,民不得夺。'"元代郭守正辑录的《二十四孝》中,最为后人诟病的,就是这一出"埋儿奉母",因为实在是"不情莫甚矣"。鲁迅回忆,小时候听完"郭巨埋儿"的故事,就不再想做孝子了:"我最初实在替这孩子捏一把汗,待到掘出黄金一釜,这才觉得轻松。然而我已经不但自己不敢再想做孝子,并且怕我父亲去做孝子了。"《二十四孝》的初衷和主旨,是标榜、高扬孝道,是教诲、培养后人传承孝悌之道,却不料非但没有感动孩子,反生反感,成了反面教材,这大概是道学家们所没有料到的。

不是后人"人心不古"。"埋儿奉母"之举,残酷、冷血、泯绝人性,不通事理不近人情,与孝道张扬的伦理价值背道而驰,非人之所为也。语云"虎毒不食子",则郭巨以三岁小儿的性命邀孝顺母亲之名,实乃为禽兽所不如了。在"埋儿奉母"的孝子身上,看不到孝的真心和真义,看到的,只是表演的做作与浮夸。

许氏三兄弟的入仕之道

有汉一代，与郭巨相类的孝子不知凡几。有孝子仅仅因为妻子在继母面前骂了几句家养的狗，就将她休掉了——"鲍永字君长，上党屯留人也。……永少有志操，习欧阳《尚书》。事后母至孝，妻尝于母前叱狗，而永即去之。"（《后汉书·鲍永传》）也有孝子因为妻子私下想分家而精心设计于大庭广众之下羞辱她，并逐出家门——"李充字大逊，陈留人也。家贫，兄弟六人同食递衣。妻窃谓充曰：'今贫居如此，难以久安。妾有私财，愿思分异。'充伪酢之曰：'如欲别居，当酝酒具会，请呼乡里内外，共议其事。'妇从充置酒宴客。充于坐中前跪曰母曰：'此妇无状，而教充离间母兄，罪合遣斥。'便呵叱其妇，逐令出门，妇衔涕而去。坐中惊肃，因遂罢散。"（《后汉书·李充传》）其尽孝的动作，无一不是夸张而激烈的，用力之猛，远超人情之常。

夸张的行为举止，是孝子们发乎心而行于外么？并不然的。《后汉书·陈蕃传》中记载了一个孝子的故事。这孝子名唤赵宣，是山东青州的一个平头百姓。古时的礼制，父母之丧，须守孝三年。常规的做法，是在墓旁搭起草庐，住上三年，期间要清心寡欲，吃得简单，穿得简朴，不能娱乐，不近女色。赵宣连草庐也没搭，直接住进了墓道，而且一住就是二十余年！赵宣的孝行，为时人所感佩，"大孝子"的名声，不仅四处传播于乡里，也上达至州郡。有人将赵宣举荐给时任乐安太守陈蕃。相见的时候，陈蕃向赵宣问起其妻儿的近况，得知其五个儿女都是居丧期间所生，不由得为之大怒，痛斥其"诳时惑众，诬污鬼神"，直接将其抓起来治罪。无他，礼制要求守孝之人不近女色，赵宣却在居丧期间生了五个儿女，真孝还是假孝，岂非一目了然？用当下的流行语言之，陈蕃不经意的询问，让赵宣苦心经营了二十余年的"大孝子"人设瞬间崩塌。

既非真心尽孝，则这些"孝子"们的矫激之行所为何来？《后汉书·许荆传》载有其祖父许武的一段往事，云：

> 祖父武，太守第五伦举为孝廉。武以二弟晏、普未显，欲令成名，乃请之曰："礼有分异之义，家有别居之道。"于是共割财产以为三分，武自取肥田广宅奴婢强者，二弟所得并悉劣少。乡人皆称弟克让而鄙武贪婪，晏等以此并得选举。武乃会宗亲，泣曰："吾为兄不肖，盗声窃位，二弟年长，未豫荣禄，所以求得分财，自取大讥。今理产所增，三倍于前，悉以推二弟，一无所留。"于是郡中翕然，远近称之。位至长乐少府。

许武以"举孝廉"的方式进入官场，看到弟弟许晏、许普尚未功成名就，便思量着拉他们一把。想到的计策是，将家产分为三份，最好的田地、房屋和奴婢皆归为己有，两个弟弟分得的财产，质劣量又少。分配如此不公，许晏、许普两人却并无怨言，安之若素。目睹此情此景，四周乡邻皆称扬许晏、许普谦让有礼，指责许武太过贪婪。孝悌云者，孝，孝顺父母也；悌，是敬爱兄长也。在分家产一事上，许晏、许普对兄长许武如此克让，一时成为美谈，名声于是乎传扬开来，也因此以"举孝廉"的方式入仕，获得了一官半职。看到自己精心策划的方案如愿实现，许武遂召集许氏宗亲于一堂，当着众人的面,宣布将自己名下的较当初分家时已增值三倍的财产悉数分与两个弟弟,并道出最初故意给自己多分家产的真正原因,乃是为许晏、许普争取"孝悌"的名声。

许氏兄弟的道行,比赵宣可高得远了。两者的差距,不可以道里计也。许氏兄弟三人处心积虑联手演绎的这一出"分家"真人秀,计划缜密,执行坚决,成果丰硕——许氏兄弟名利双收,名声之外,许晏、许普得以察举,许武则最终官至长乐少府,可谓两汉间"孝子"策划的经典案例了。然而"孝子"的本相,也在此跃如了:所谓的"孝行",并非是发自于内心,而是一种作态,是做给别人看的。为什么要做给别人看?因为要"成名"——成就"孝子"之名。为什么要"成名"?因为有了"孝子"之名,就有机会通过"察举"制度踏入仕途,做官去也。

"举孝廉"与"孝子"的竞争

并非两汉的人们特别虚伪。从经济学上说,历朝历代的人都是一样的,无一不是"经济人",即自私自利之人。那么,为什么相较于别的朝代,汉朝的伪孝子尤其多?问题之答案,即在于上述提及的"举孝廉"这一自下而上的人才选拔路径。

"孝廉"是察举制的一个科目。察举制云者,又称选举制,是汉朝选拔官吏人才的基本制度。汉高祖十一年,刘邦诏令求贤:"……贤士大夫有肯从我游者,吾能尊显之。布告天下,使明知朕意。"(《汉书·高帝纪》)诏书一层一层向下传达,由御史大夫周昌传达至相国萧何,萧何传达给各诸侯王,御史中执法传达给各郡太守。诏书要求各地诸侯王和郡太守亲力亲为,如果发现名实相符的人才,一定要亲自劝他出来,并准备车马将其送到相国府,写下事迹、仪容和年龄;如果发现所在地有贤人而不推举上来,将予以免职。刘邦的这一纸求贤诏,一般认为是汉代察举制的滥觞。

由此发端,察举制在实践中随着对人才需求的变化而演进,最直接的表现,是察举的科目由少而多不断增加,名目繁多。譬如说,有"贤良方正直言极谏";有"明当世之务,习先圣之术";有"文学高第",有"孝弟有义行,闻于乡里";有"至孝,与众卓异";有"至孝笃行";有"敦厚质直";有"明阴阳灾异";有"有道之士";有"茂才异等";有"勇猛知兵法",有"明兵法,有大略";有"武猛堪将帅";有"刚毅武猛,有谋谟,任将帅"……总而言之,随其时人才需求的变化而定,官府需要什么样的人才,就标举什么样的科目。

看似繁杂,其实有规律可循。概而言之,从时间上分类,察举的科目可归为两大类,其一是常科,即常年设置定期举行的科目;其一是特科,即不定期举行的特殊科目。前者以孝廉、茂才、贤良方正、文学等为主,后者包括明经、明法、敦厚有行、武猛知兵法、阴阳灾异、有道等。在这其中,最为重要的,便是常科中的"孝廉"一科。

孝廉云者,"孝谓善事父母者,廉谓清洁有廉隅者",即孝子和廉士也。"孝廉"之设,起于汉武帝刘彻。《汉书·武帝纪》云:"元光元年冬十一月,初令郡国举孝廉各一人。"可见在最初,孝与廉是分为两科的,后来才合并为"孝廉"一科,并逐渐成为汉代察举制中最具影响力的岁举科目,"名公巨卿多出之",是最为荣耀的晋升之路。不止此也，东汉学者应劭所著《汉官仪》云："丞相故事，四科取士。一曰德行高妙，志洁清白；二曰学通行修，经中博士；三曰明达法令，足以决疑，能案章覆问，文中御史；四曰刚毅多略，遭事不惑，明足以决，才任三辅令。皆有孝悌、廉正之行。"这是说，选拔别的科目的人才，也要考察孝、廉之行，孝廉是进入官场的基础和前提。

　　孔子说过："三年学，不至于谷，不易得也。"谷，是指官吏的俸禄。这句话翻成大白话，是说读书三年而没有做官念头的人，几乎是没有的。这是他的由衷之言。因为孔子本人就是一个"官迷"，他一生苦苦地寻觅着做官的机会，为此不辞颠沛流离周游列国。不奇怪。在古代中国，做官是人生最好的出路所在——时至今日，持此观念的国人亦不在少数。"察举制"是汉朝选拔官吏人才的基本制度，是官员进身的正途：一方面，在所有察举科目中，"孝廉"是最具光环的进身路径，如若入选仕途远大是可以期待的；另一方面，"孝廉"还是别的科目选拔人才的前提。在这样的局限下，任何一个有志于做官之人，必须千方百计想尽一切办法致力于自身"孝廉"形象的塑造，因为舍此别无门径。

　　做"孝子"的竞争是激烈的，绝对是。《后汉书·丁鸿传》记载说，当时人口五六十万的大郡每年举孝廉二人，二十万人口的小郡每年举孝廉一人。汉和帝刘肇"以为不均"，令大臣重新商议。丁鸿和司空刘方于是提了一个新的方案，为汉和帝所采纳："自今郡国率二十万口，岁举孝廉一人，四十万二人，六十万三人，八十万四人，百万五人，百二十万六人。不满二十万二岁一人，不满十万三岁一人。"后来刘肇又下诏："其令缘边郡，口十万以上，岁举孝廉一人；不满十万，二岁举一人；五万以下，三岁举一人。"也就是说，除了边疆地区,每年每二十万人中,只有一个人能杀出重围,以"举孝廉"的方式进入官场。不难明白,想要在如此惨烈的竞争中脱颖而出,寻常的尽孝方法是不可能杀出重围的,因为无法吸引人们的眼球。人们视若无睹,何来"孝子"的名声?没有"孝子"的名声四处传扬,又如何入掌控着荐举权的朝中大臣和地方长官之法眼?唯有违背常理,夸张甚至极端的"孝行",才有突围的机会和可能。"狗咬人不是新闻,人咬狗才是新闻",不循通例,奇特、异常、新鲜的事情,容易激发人们的兴趣,被人们引为谈资,口口相传,一传十十传百地传扬开去。从讯息传达的角度看,相较于司空见惯的事例,新、奇、特之行为和现象是自带流量的,传达成本远低于前者。此所以汉代"孝子"的表演格外浮夸也。

以经济学的语言解释,其内在逻辑是这样的:凡有社会,必有竞争。凡有竞争,必有制度。制度的主要用途,便是约束人们的竞争行为。不同的制度下,人们的行为有别。制度变,人们的行为亦随之而变。汉代"以孝治天下",因此其选拔官吏人才以孝廉为基础和前提,又特设"孝廉"一科。在这样的人才选拔制度下,生活在汉代的人们,欲入仕途,必须先做"孝子"。而在"孝子"的竞赛中,胜负准则是"孝"的程度,谁越"孝",谁就越有机会胜出。因为人心难测,"孝子"之真心难以度量,遂委托于外在的言行。又因为竞争者众,一般的孝行人们习焉不察,难以出拔于众人,夸张乃至极端的言行,容易传播,讯息传达费用低,遂为大大小小的"孝子"们采用。换言之,因为讯息费用的存在,违背常理的矫激之行较一般的孝行更容易传播,讯息传达费用低,从而更易在竞争中胜出。

"举孝廉"不是独角戏,而是对手戏,是"被举者"和"举者"共同演绎的。被举者是前面说到的"孝子",举者是掌握着荐举权的朝中大臣和地方长官。举者既然掌握着被举者的仕途命运,则后者极力攀附前者是势所必至的,而前者为拓展自己的势力,也有意图笼络后者,再加上乡邑中把持着舆论的意见领袖——乡评决定着"孝子"是否有被荐举的资格,三者互通声气,相互援引,利益集团于是生焉。《后汉书·樊儵传》提到,汉明帝刘庄永平元年,樊儵上书,直言"郡国举孝廉,率取年少能报恩者,耆宿大贤多见废弃"。《后汉书·种暠传》云,时任河南尹田歆的外甥王谌,以善于识人知名于当时。一日,田歆对他谈及自己的困扰:"今当举六孝廉,多得贵戚书命,不宜相违,欲自用一名士以报国家,尔助我求之。"东汉末年割据一方的军阀袁绍,家世显赫:"高祖父安,为汉司徒。自安以下四世居三公位,由是势倾天下";"袁氏树恩四世,门生故吏遍于天下"(《三国志·袁绍传》)。可见察举制事实上已沦为世家大族安排"门生故吏"的捷径,中央政府虚化,政治权力实为世家大族操控。其后魏晋南北朝之九品中正制以及门阀制度的相继出现,实在是自然演化的结果,顺理成章。从察举制至九品中正制再到门阀制度,制度替代的内在逻辑一以贯之,清楚不过。

举"孝廉",最终招来了越来越多名不副实的伪孝子。"孝廉"一科如是,别的科目自然也不可能例外。于是乎在东汉末年的桓、灵之际,从乡村到城市,大街小巷上开始传唱一首童谣:"举秀才,不知书;察孝廉,父别居。寒素清白浊如泥,高第良将怯如黾。"

是的,这一出把戏,百姓早已看得分明。官场中人装模作样,自以为做得巧妙,其实在百姓眼里,他们根本没有穿衣服,裸奔而已。

据经而从事:"王莽改制"为什么失败?

六 据经而从事:"王莽改制"为什么失败?

公元9年,王莽首开后世"禅让"上位之先例,逼迫姑姑王政君交出传国玉玺,废孺子刘婴,"去汉号",建立新朝。

自认为天命所归("历数在于予躬")的王莽抱负远大,雄心勃勃。他要另起炉灶,全面推翻汉朝的旧世界,打造一个属于新朝的新世界。于是,一场史无前例的全方位的社会改革在其代汉自立之后迅即拉开帷幕,史称"王莽改制"。

王莽亲自策划、推动的这一场改革规模浩大,涉及内政与外交,覆盖行政、经济、文化等各个领域,范围之广,力度之大,近乎将社会原有的一整套制度推倒重来。然而,理想很丰满,现实很骨感,这一雄心勃勃的计划最终以惨败收场。而王莽本人,则"身死国灭,为天下笑"。

但王莽与"王莽改制"并未因此湮灭于历史深处。古往今来,对王莽及其改革议论不绝,莫衷一是。大体而言,后人的评价两极分化,褒贬各走一端,贬之者恨不能摁之入地,誉之者则捧之上天。写《汉书》的班固论定他是一个"色取仁而行违"的伪君子,而其所有的改革措施无一不是祸国殃民:"滔天虐民,穷凶极恶,流毒诸夏,乱延蛮貊。"这也是传统社会的主流评价了。到了近现代,陆续有人为其翻案。如胡适直言:"王莽受了一千九百年的冤枉,至今还没有公平的论定。他的贵本家王安石虽受一时的唾骂,却早已有人替他伸冤了。然而王莽确是一个大政治家,他的魄力和手腕远在王安石之上。"吕思勉也为王莽鸣不平:"凡莽之所行,汉人悉以一字伪字抹弑之……此乃班氏父子曲诋新室之辞,平心论之,正觉其精神之诚挚耳。"钱穆则以为:"后世人以成败论事,认为王莽新朝之政制一无足取,实非公平之论。"

不管是褒是贬,有一点"双方辩友"没有任何争议,那便是"王莽改制"有一个极为鲜明的本质特征:"慕古"。即所谓"议论决断,靡不据经","每有所兴造,必欲依古得经文"。这是说,王莽在改革中推出的每一项政令,每一个举措,必源自古代的典籍文献,"无一字无来历",完全照搬了古代尤其是周朝的制度,亦步亦趋。如果说改革是治病,治今世之病,那么,王莽为治"今病",在三代以来的典籍文献中抄出了一个"古方",一字不改。钱穆说"王莽的政治,完全是一种书生的政治"。黄仁宇则认为其"是一个大书呆子","他尽信中国古典,真的以为金字塔可以倒砌"。此之谓也。

"慕古"也罢,"书呆子"也罢,其主旨,是为了指出"王莽改制"失败之根源。譬如说,胡适认为,"他的失败则来自他以为发个命令出去,事情就做到了,名字改一改,就以为实质也改了——这就是读书人的通病"。吕思勉则以为"新莽之为人也,迂阔而不切于事情,其行诚不能无失,然苟审于事情,则此等大刀阔斧之举动,又终不能行矣"。钱穆也持有类似观点,他说,"王莽虽志在民生,但慕效古昔近乎迂执,又欲一蹴而就,不思精心密虑,逐渐推行,宜乎其促致早亡也。"

说王莽泥古不化,罔顾时代背景,不切实际地照搬古代制度法规而导致其败亡其实没有什么内容。一方面,前事不忘后事之师,而"已有的事后必再有,已行的事后必再行",世事多重复,日光之下无新事,以往的制度为今所用也未必一定不切实际;另一方面,不切实际也不唯"慕古"为然,"趋新"者亦常坐此病。因此,将"王莽改制"失败的原因简单地归咎于"慕古",归咎于"书呆子气",实在没有解释什么。真正的问题是,王莽究竟做错了什么?

这里要引入的,是一个经济学的理论逻辑。从这个视角可以看得清楚分明,"王莽改制"之所以失败,是因为他推出的每一项改革,无一不是在提升其治国理政的费用,无一不是在增加百姓生产和生活的成本。换言之,他推行的改革,不是在往减少社会运行的交易费用方向走,而是在不断地大幅推升整个社会运行的交易费用(制度费用)。翻成通俗的大白话说,他是在为自己的统治"挖坑",自掘坟墓。

改革的本质是制度安排的替代

经济学认为,这世界上的绝大多数物品和资源是稀缺的,稀缺的含义,并不是简单地指物品和资源的绝对供应量少,而是相对需求而言的。稀缺是一定需求下,供应量有限而引起的。人的需求增加,虽多却有限的供应量也是不够的,人的需求减少,有限的供应却也可能是足够的,并不稀缺。

经济学又认为,所谓社会,是指多过一人。物品和资源稀缺,而需求者又多过一人，粥少僧多，竞争于是乎无可避免。显而易见，这竞争，是指人与人之间的竞争。竞争必然带来冲突。要解决这冲突，竞争就要决出胜负，要决出胜负，就必须有竞争的游戏规则和决定胜负的准则。游戏规则约束着竞争的行为，哪些可以做，哪些不可以做，胜负准则直接判定着谁胜谁负。譬如说市场竞争，从需求者这一面看，价高者得，谁出的价高谁就获胜，市价于是成为决定胜负的准则。而其游戏规则是私有产权制度——私有产权是市场出现的前提。

有关人与人之间竞争的游戏规则，经济学称之为制度安排或者合约安排，制度即合约，两者一也。为了解决人与人之间的竞争及其带来的冲突，人类发明了各种制度安排，比如风俗、宗教、市场、道德伦理、法律法规等。这些制度安排是人们一致同意互相遵守的规则，不管这种"同意"是自愿还是强迫，其之主旨，是为了约束人与人之间竞争的行为。

制度安排不是"免费"的，正相反，其费用非常高昂。譬如说，市价作为竞争准则的采用，首先要有市场出现，而市场出现的前提是资产要有清楚的权利界定，光是产权保障，公、检、法各部门以及律师行业的费用就都要算进去。此外还有讯息传达、量度监管、合约磋商、乡约民俗等费用。这些费用便是制度费用，是社会付出的成本和代价。付出如此高昂的成本和代价，是为了换取一个唯一不会导致租值消散的竞争准则——市价。由此可见，市价的采用是相当奢侈的，需要付出很高的费用。

凡是社会，必有竞争，凡是竞争，必有制度，凡有制度，必有费用。理想的状况，是制度安排的发展和演进，比如从甲制度到乙制度的转变,是朝着减低制度安排费用的方向走。这里可以分为几种状况:一、甲乙两种制度,在大致同等的社会收益下,乙制度比甲制度的运作费用低得多;二、甲乙两种制度,在大致同等的运作费用下,乙制度比甲制度的社会收益高得多;三、甲乙两种制度,虽然乙制度比甲制度的费用高,高得多,但乙制度带来的社会收益远远高于甲制度,扣除高出的费用而大有盈余。这是社会之福。因为这意味着社会付出的成本和代价下降了。如果反其道而行之,制度安排的发展和演进是朝着增加制度安排费用的方向走,则是社会之祸。因为这意味着社会付出的成本和代价上升了。

所谓改革,以经济学视之,其实质是制度安排的替代,即是用一种制度安排替代另一种制度安排。改革的成败,以经济理论逻辑评判,便是看制度安排的替代是否有效率,也即是看制度安排的发展和演进——从甲制度到乙制度的转变,是朝着减低制度安排费用的方向走还是朝着增加制度安排费用的方向走。如果是前者,便是有效率,民富国强是结果;如果是后者,便是无效率,结局是民贫国弱。历史和事实说,同一个社会和国家,其贫富强弱,在不同的制度安排下,往往去之天壤,有云泥之别,此即其源也。

"王莽改制"为什么会失败?一语以结论之,因为王莽选择的正是后者。

"改名运动":混乱与战端

子路问老师孔子:如果卫国国君邀请您去治理国家的话,您首先会做什么？孔子的回答是，"必也正名乎！"不知道是不是从中得到的灵感，王莽即位之后推出的一大改革举措，便是"正名"，也即是开展了一场轰轰烈烈的"改名运动"。

"改名运动"所涉领域甚广，"百官、宫室、郡县尽易其名，不可胜纪"。官员、道路、建筑、行政区域的名称以及附属国的君主的称呼，被王莽一一重新"正名"。简述如下：

依照《尧典》《王制》及《周官》等经书典籍，他将西汉的官制大事更易。以中央政府为例，置四岳（东岳太师、南岳太傅、西岳国师、北岳国将），三公（大司马、大司徒、大司空），九卿（大司马司允、大司徒司直、大司空司若、纳言、作士、秩宗、典乐、共工、予虞），二十七大夫（每一卿置大夫三人），八十一元士（每一大夫置元士三人）。与官制相较，官名的更改更为繁复：新设大司马司允、大司徒司直、大司空司若三职；将大司农改称羲和，后又改为纳言，大理改叫作士，太常改为秩宗，大鸿胪改称典乐，少府改叫共工，水衡都尉改为予虞；改光禄勋叫司中，改太仆叫太御，改卫尉叫太卫，改执金吾叫奋武，改中尉叫军正；改郡太守叫大尹，改都尉叫太尉，改县令长叫宰，改御史叫执法。官员等级也重新加以命名：俸禄一百石的称庶士，三百石的称下士，四百石的称中士，五百石的称上士，六百石的称元士，一千石的为下大夫，比二千石的（月俸谷一百斛）的为中大夫，二千石（月俸谷一百二十斛）的为上大夫，中二千石（月俸谷一百八十斛）的为卿。

他又将宫殿名称大改一通，将皇宫外门改称玉路四门，长乐宫改称常乐室，未央宫改称寿成室，前殿改名王路堂……不一而足。

"改名运动"中最为夸张的一幕，是郡县之名的更替。看《汉书·地理志》，述及郡县，大抵有"莽曰××"字眼，那便是王莽所改的地名。谭其骧所撰之《新莽职方考》考证：截至天凤元年，新朝有郡一百二十五，今可考者一百一十六；有县二千二百三，今可考者一千五百八十五。其中，郡更名者比例超过八成，县更名者比例将近一半。

王莽改地名随心所欲。他对已经存在的地名视若无物，常常直接"张"冠"李"戴，然后又给"张"戴一顶新帽子。譬如说，西汉在河西走廊设有四郡：武威、张掖、酒泉、敦煌。王莽偏要将其中的武威郡改称为张掖郡，原先的张掖郡，则另起了一个新的名称，曰"设屏"；青州下辖济南郡、齐郡等郡，王莽又偏要将齐郡改称为济南郡，原先的济南郡则改称为乐安郡；此外，辽东郡的襄平改称为"昌平"后，原来上谷郡的昌平也不得不改名字，曰"长昌"。

他的任性，还体现在改地名时往往"反其道而行之"，阳改阴、曲改直、无改有、离改合、远改近、刚改柔、西改东、高改下。譬如说，改桐阳为固阴、曲周为直周、无锡为有锡、符离为符合、谷远为谷近、刚县为柔县、西安为东宁、高句丽为下句丽等。

他也喜欢用心仪的字眼来修改地名。如治、安、宁、平、顺等，希望长治久安，天下太平安宁的意图溢于言表。改名后，郡县带有"治"字的共有38个，带"安"字的共有8个，带"宁"字的共有13个，带"平"字的共有26个，带"顺"字的共有23个。此外，善、美、信、睦、昌、惠、乐、利、富、新的使用也颇为频繁。

总而言之，"莽之改易汉郡县名，其取义于当地之历史、山川、风土者仅极少数，大半皆著意于字面之音训"（《新莽职方考》）。不惟宁是，王莽改地名，不是改了一次便罢手，"岁复变更，一郡至五易名,而复还其故"(《汉书·王莽传》),改了又改,改着改着又改回原名了。其任性如斯。

王莽的"改名运动"不限于国内,还扩展至国外。他以为,"天无二日,土无二王,百王不易之道也",非一统天下者不可称"王",遂将四周藩属国君主的称号——由"王"改封为"侯"。始建国元年,他派出五威将出使四周各国,收回汉朝的旧印,授予新室的新印。颁发给各国的新印上,贬勾町王为侯;西域各国,"尽改其王为侯";匈奴这一面,则改汉印文"匈奴单于玺"为"新匈奴单于章"。去玺加新,两国的地位,变平等而为主臣关系,令匈奴人为之愤怒,发兵寇边,王莽随后又火上浇油,将"匈奴单于"贬称为"降奴服于"。

大张旗鼓的"改名运动"带来了什么?以郡县易名为例,因为涉及范围广,数量多,加之"岁复变更",改个不停,不要说普通百姓一头雾水,"傻傻分不清",即便是官吏也记不住,以至于王莽不得不"每下诏书,辄系其故名",也即是下旨的时候将旧名附在后面。其有一诏书曰:"制诏陈留大尹、太尉:其以益岁以南付新平,新平,故淮阳;以雍丘以东付陈定,陈定,故梁郡;以封丘以东付治亭,治亭,故东郡;以陈留以西付祈隧,祈隧,故荥阳。陈留已无复有郡矣,大尹、太尉,皆诣行在所。"(诏命陈留郡大尹、太尉:将益岁县以南划归新平郡,新平郡,即原淮阳郡;将雍丘县以东划归陈定郡,陈定郡,即原梁郡;将封丘县以东划归治亭郡,治亭郡,即原东郡;将陈留县以西划归祈隧郡,祈隧郡,即原荥阳郡。陈留郡已不复存在,大尹、太尉都到京城来。)"改名运动"给社会造成的混乱和麻烦之巨,从这个小小的例子便足见一斑。用经济学的话说,这一项改革举措导致包括讯息费用在内的社会交易费用暴升。

不过,更改地名造成的混乱和麻烦,相对于贬低四周诸国君王的名号带来的祸患,不过是"小巫见大巫"。后者挑起的,是血与火的战争!因为不满于被王莽的新朝"贬王为侯",西域诸国和西南的勾町国先后反叛。而在北方,被激怒的匈奴更是接连挑衅,入塞侵扰,王莽不得不一次次劳师动众加以征伐。战事一起,边疆的和平和繁荣毁于一旦,自汉宣帝以来"数世不见烟火之警,人民炽盛,牛马布野"的北方边境,数年之间便成为废墟,"北边空虚,野有暴骨矣";内地则不堪重负:始建国二年,募天下囚徒、丁男、甲卒三十万人,传令众郡县输送衣裘、兵器、粮食等物资,由地方官员从江淮护送至北方,违令者军法处置,"天下骚动";天凤六年,再次大募天下丁男及死罪囚、吏民奴,对天下吏民一律征收财产税,税率三十取一,缣帛等物资皆输送至长安;地皇二年,将征集的粮食钱币转送与匈奴作战的前线四郡西河、五原、朔方、渔阳,每一郡多达数百万……

为了张扬新朝"威德至盛异于前"之虚名和姿态,王莽徒逞口舌之利,无端端地随意贬低和侮辱邻国的尊严,招致的结果,是连年不断的战火。汉宣帝以来数十年苦心经营的和平安宁一去不返,旷日持久的战争源源不断地吞噬着国内的人力、物力、财力,租值消散可谓大矣。

土地改革:"天下謷謷然,陷刑者众"

如果说,"改名运动"近乎无事生非,那么,土地改革和"五均六管"的推出，显然是有为而发，是针对现实问题的。王莽即位之后，面临着两大难题：一是西汉末年土地"兼并"之风愈演愈烈，地方豪强兴起，社会贫富分化严重；一是政府收入短缺，财政困难。这两者其实有内在关联，因为土地兼并造成"豪民侵渔，分田劫假"，直接导致了政府税收的减少。

社会贫富分化的严重程度，王莽在诏书中也曾提及。按照他的说法，当其时也，一面是"强者规田以千数，弱者曾无立锥之居"，一面是"又置奴婢之市，与牛马同栏，制于民臣，专断其命"，带来的社会后果是，"富者犬马余菽粟，骄而为邪；贫者不厌糟糠，穷而为奸"。

如何抑制土地兼并？王莽想到的应对之策，是恢复千年之前的"井田制"——"古者，设庐井八家，一夫一妇田百亩，什一而税，则国给民富而颂声作。此唐虞之道，三代所遵行也。"始建国元年，他诏令："今更名天下田曰'王田'，奴婢曰'私属'，皆不得买卖。其男口不盈八，而田过一井者，分余田予九族邻里乡党，故无田，今当受田者，如制度。"简而言之，诏令内容有二：一是废除土地私有制，实行土地国有制，私人不得买卖土地。一家有男丁八口，可受田一井即九百亩，一家男丁不足八口而拥有土地数量超过一井的，多出来的土地必须分给宗族邻里；原来没有土地者，按上述制度授田。二是将奴婢改称"私属"，不得买卖。

"均田限奴"的政策，不是王莽个人拍脑袋的突发奇想，其实是当时社会的主流思潮。汉元帝时期，经学家王吉、贡禹向朝廷献议，限制官绅豪民拥有田宅和奴婢的数量。汉哀帝时，大司马师丹也曾提出过"田宅奴婢限列"的建议，其时甚至已经制定了具体的实施细则:诸侯王、列侯、公主、吏民占田不得超过三十顷;诸侯王的奴婢以二百人为限,列侯、公主一百人,吏民三十人;商人不得占有土地,不许做官。超过以上限量的,田畜奴婢一律没收入官。不过,上述的建议和政策,大抵是"纸上谈兵",真正将其付诸实践的,是当上皇帝之后的王莽。

王莽照搬古代的"井田制",意图抑制土地兼并和贫富分化,但在实践过程中遭遇了一系列的难题。首当其冲的,是耕地数量的不足。按照《汉书·地理志》的记载,汉平帝元始二年,全国人口已达到5959万余人,这是登记在册的人口,并不包括隐匿的人口。如此庞大的人口数量,按照王莽颁布的"王田"制度的设计,一个丁男授田一百亩,是否有足够的耕地进行分配?答案显然是否定的。一个有力的证据,是王莽即位之后大行分封,授予公、侯、伯、子、男五等爵位的共计796人,其中公14人,侯93人,伯21人,子171人,男497人。王莽许诺,公封地方圆百里,食邑一万户;侯、伯封地方圆七十里,食邑五千户;子、男封地方圆五十里,食邑二千五百户。不过,王莽开出的,只是一张"空头支票",虚封而已,并未落实。真实的情况是,"以图薄未定,未授国邑,且令受奉都内,月钱数千。诸侯困乏,至有庸作者"。"图薄未定"只是一个借口罢了,土地资源不足才是根源之所在。

"王田"制度的要点,是土地分配"损有余而补不足"。拥有的土地数量超过法令规定的人家,多出来的部分要无偿地分给宗族邻里;没有土地或者土地数量不足的人家,则给予或者补足政策规定的土地数量。拥有大量土地的地方豪强对此激烈反对,因为这直接剥夺了他们的财产。他们或利用权势强力阻挠,或想方设法钻政策空子，譬如利用家族人口数量众多的优势，化整为零，分拆户口，将一个大家族化为多个小家庭的组合，从而最大化家族拥有的土地数量。

"王田"制度遭遇地方豪强的反对和阻挠是自然不过的，并不奇怪。令人意外的，是没有土地和拥有土地数量不足的农民家庭对此也不待见。乍看之下，他们似乎是"受益者"，为什么对受田兴趣索然？无他，税赋太重了。钱穆在其《中国经济史》中提到，西汉的农民，除了田租之外，还有随附田租按田亩多寡缴纳的蒿税，此外还有算赋和口赋——相当于人头税，算赋是不论男女，凡 15—26 岁皆要缴纳，女子 15—30 岁不出嫁的，按五等加收；口赋是向 7—14 岁的儿童征收的税，每童每年 20 钱。劳役之外，23—50 岁的男丁，还要服兵役。这兵役可用钱替代，称之为更赋。更赋类别分为四种：一曰"更卒"，23—50 岁的男丁须在郡县和京师服徭役一个月，可支付 2000 文由政府雇人待役；一曰"正卒"，23—50 岁的男丁须在本郡服兵役一年，可以钱代役，每月 2000 文，一年 24000 文；一曰"戍卒"，23 岁至 50 岁的男丁一生之中必须到边境屯戍一年，可缴纳 24000 文代役；一曰"戍边"，男子每年须戍边三日，可以 300 文代役。税赋之繁重，"父子夫妇终年耕耘，所得不足以自存"。因此，在没有减轻税赋的前提下——实际上，后文可知，新朝的税赋比西汉有过之而无不及，与其受田而作为一个独立的纳税人，还不如卖田卖身为奴，在地方豪强的庇护之下过日子更容易些。

但王莽决意强力推进，不管地少人多的局限，也不顾地方豪强和农民的反对，并辅之以严刑峻法："犯令，法至死"；"敢有非井田圣制,无法惑众者,投诸四裔,以御魑魅。"强推政策的结果,是"天下嚣嚣然,陷刑者众"。

始建国四年,中郎区博进谏,直言时代不同了,"井田"制虽好,却违背当今之民心民意,即便尧舜再生,没有百年的功夫,恐怕也无法成事。而今天下初定,万民新附,实在不宜施行。"王田"制实施以来民怨沸腾,王莽其实也是心知肚明的,于是借区博进谏之机,就坡下驴,下诏书曰:"诸名食王田,皆得卖之,勿拘以法。犯私买卖庶人者,且一切勿治。"这是说,凡是土地、奴婢买卖的行为,概不治罪。虽然没有直接宣布废除"王田"制,但违反者不予追究,意味着该政策事实上已然终结,也宣告着这一改革的失败。

兴师动众三年余,一切又回到了从前:土地、奴婢皆可买卖,一如既往。从收益的角度看,这一场"王田"制的改革,可谓一无所获。但付出的代价可是高昂的,众多的人们或者被处以死刑,或者被流放边境,民怨沸腾。综合收益和成本,核算下来,这一改革的最终收益是负值,巨大的负值。

五均六管:"百姓俞病"

"王田"制之外,应对土地兼并社会贫富分化的另一政策,是"五均六管"。"五均六管"的建议,出自古文经学家、国师公刘歆,后为王莽采纳。王莽的诏书写得清楚:"夫《周礼》有赊贷,《乐语》有五均,传记各有斡(管)焉。今开赊贷,张五均,设诸斡(管)者,所以齐众庶、抑并兼也。""齐众庶、抑并兼"云云,是说这一政策的矛头所向，是土地兼并社会贫富分化。其实不然。"五均六管"的主旨，是为了解决政府的财政困难。新朝的财政压力，来自于收支两方面：从收入这一面看，是土地兼并导致的税源减少以及天灾频繁带来的农业歉收；从支出这一面看，一是官僚集团膨胀——上文提及的"改名运动"中，官制和行政区划的改革后官员人数明显增加；二是战争开支快速增长，包括匈奴等周边国家的入塞侵扰以及国内时不时出现的反叛；三是为了"兴教化"而在京城供养了一大批学者和天下异能之士。

巨大的财政压力下推出的"五均六管"，其之要义，一是政府管制物价，并对一切工商行业征税；二是将盐、铁、酒、信贷、铸钱等行业归于政府专营，民间不得染指。具体做法是，在首都长安以及洛阳、邯郸、临淄、苑和成都五大城市设置五均官，名为"五均司市师"。长安划分为东西两市，东市称"京"，西市称"畿"。洛阳称"中"，其他四个城市各以东南西北为称。上述六个城市各设交易丞五人，钱府丞一人，交易丞主要负责市场和物价的管控，钱府丞则掌管税收与信贷业务。郡县也各设司市，职掌相同。"五均六管"所涉之具体事宜，概而言之如下：

每一个季度的第二个月，即二、五、八、十一月，根据市场供求状况，对市场上交易的物品分别制定出上、中、下三个价格，以之作为基本的物价标准。各城市的基准价格，由各城市自行制定，不受其他地区物价的制约。如果物价出现大幅上涨，高于政府制定的基准价格，政府以低于基准价的价格将储备的物资向市场抛售；如果市场上的物价低于政府制定的基准价格，则听凭市场自由买卖。

凡采金、银、铜、铅、锡、龟、贝者，皆须按所获货值向当地的钱府丞如实申报纳税；民间凡是有田不耕种者，须缴纳三个人的人口税，凡是住宅四周不种植果树与菜蔬者，须缴纳三个人的布匹，凡游手好闲无所事事者，须缴纳布一匹；凡是在山林水泽捕猎鸟兽鱼鳖百虫或畜牧者，妇女从事蚕桑纺织补缝者，从事工匠医巫卜祝方技者，开店做买卖包括开旅店者，皆须向当地政府据实报告，并按去除成本之后的纯利的十分之一上交国库。

盐、铁、酒、五均赊贷（即银行信贷）、钱布铜冶（铸币）这五大行业由政府垄断专营，民间不得插手。百姓祭祀或者办丧事没有钱，可向政府申请无息贷款，祭祀贷款须在十天之内还清，办丧事的贷款则须在三个月内偿还，超过期限则加收利息。经营产业也可以申请贷款，按扣除成本之后的纯利润计息，收取的利息一年内最高不超过纯利的10%。

以今日之眼光视之，所谓"五均"，垄断也。即政府凭借行政权力，将盐、铁、酒、银行信贷、铸币五大行业的垄断权授予自己，政府专营，不允许民间插手。所谓"六管"，则是政府的有形之手直接干预市场，其重点是价格管制和征税。垄断、征税带来的无效率和对经济发展的危害，路人皆知，用不着多说。这里要略说一下价格管制，因为有迷惑性。政府制定一个基准价，高于此价政府低价抛售，低于此价则不管，物品一旦滞销则由政府收购，骤眼看来，实在是不错的，但其实为害甚多。其一，市场上，市价的涨落传达供求信息。市价被管制了，价格就会传达错误的讯息，误导参与市场交易的人们的行为选择。譬如说，某地某物供不应求，价格上涨，别地的人们看到了这一讯息，见有利可图，便会向某地输送某物以求利，从而抑制其价格上涨；而一旦被管制了，本该涨价而没有涨，上述的行为便不会出现,市场上该物品供求状况不会得到改善。其二,价格是决定胜负的一种竞争准则——价高者得,价格管制废除了这一竞争准则,别的竞争准则会出现,比如排队。排队的时间成本加上被管制的价格,才是该物品真正市价。但排队对社会没有任何贡献,从社会的角度看,排队的时间成本是浪费,用经济学的话说,租值消散也。其三,政府参与市场交易,既是运动员又是裁判员,吃亏的必然是交易对手,本质是与民争利。譬如说,"六管"规定,五谷布帛丝绵等生活必需品如果出现滞销的状况,经五均官核实确认,政府按成本价予以收购。但"成本价"的多少,是由五均官决定的。此外,《汉书·食货志》还提到,五均六管的主事者大抵都是"富贾",他们上下其手,还与地方政府相互勾结,大做假账,报上去的官家仓库储藏的物资数量都是不实的。

名义上,"五均六管"说得很好听,是为了"齐众庶、抑并兼",但其本质是与民争利,是穷民以富国。"五均"垄断了盐、铁、酒、银行信贷、铸币五大行业,百姓不得插手;"六管"一面干预市场的运作,在交易中蚕食百姓利益,另一面则穷尽一切可能征税,连妇女在家里"蚕桑纺织补缝"也要纳税!"五均六管"之下,庞大的租值消散不论,财富不断地从民间向政府转移,"百姓俞(愈)病","众庶各不安生"。

币制改革:"农商失业,食货俱废"

在王莽推出的所有改革举措中,最令后人感到匪夷所思的,莫

六 据经而从事："王莽改制"为什么失败？ | 105

过于其频繁地改革货币制度。

从"假皇帝"到真皇帝，在位不到 20 年的时间内，王莽一共主持了四次币制改革。第一次发生于居摄二年，新铸三种钱币，分别是大钱、契刀、错刀，与原有的五铢钱并行流通。"大钱"重 12 铢，文曰"大泉五十"，一枚大钱兑换 50 枚五铢钱；"契刀"头环形如大钱，身形如刀，文曰"契刀五百"，一枚契刀可兑换 500 枚五铢钱；"错刀"上刻有镀金之字，文曰"一刀值五千"，一枚错刀可兑换五铢钱 5000 枚。

即位之后，因为钱币上有"金""刀"字样，而汉王室之刘姓恰好从"金"、从"刀"（刘之繁体字为"劉"），"禅让"上位的王莽看着碍眼，于是有了第二次币制改革。此次货币制度改革，废除了五铢钱及契刀、错刀，另外发行新币，名曰"宝货"。"宝货"计有五物六名二十八品，极为复杂。简而言之，五物是指铸造钱币的五种材料，分别为金、银、龟、贝、铜；六名即指货币的六种名称，分别为金货、银货、龟货、贝货以及铜制的泉货和布货，二十八品则指二十八种法定货币，分别为金货一品，即黄金一斤值钱 10000 文；银货二品：朱提银值钱 1580 文，银值钱 1000 文；龟货四品：元龟值钱 2160 文，公龟值钱 500 文，侯龟值钱 300 文，子龟值钱 100 文；贝货五品：大贝值钱 216 文，壮贝值钱 50 文；幺贝值钱 30 文，小贝值钱 10 文，贝值钱 3 文；泉货六品：小泉，文曰"小泉直一"，重 1 铢；幺泉，文曰"幺泉一十"，重 3 铢；幼泉，文曰"幼泉二十"，重 5 铢；中泉，文曰"中泉三十"，重 7 铢；壮泉，文曰"壮泉四十"，重 9 铢；大泉，文曰"大泉五十"，重 12 铢；布货十品，以大小顺序则有小布值 100 文，幺布值 200 文，幼布值 300 文，序布值 400 文，差布值 500 文，中布值600文，壮布值700文，第布值800文，次布值900文，大布值1000文。

因为货币品类实在过于复杂，百姓不愿意使用，即便施以重刑逼迫亦无济于事，民间私铸五铢钱成风。一年之后，王莽不得不实行第三次币制改革，只保留重1铢的小泉和重12铢的大泉两种继续使用，其余皆废除。

天凤元年，王莽进行第四次币制改革，另铸货布、货泉两种货币，货布重25铢，货泉重5铢，一枚货布可兑换25枚货泉，同时废除小泉，大泉则延用六年，与货布、货泉一并流通。

王莽为什么要如此频繁地进行币制改革？后人多有不解。以余观之，其实是不难理解的。有两个原因，其一是无知，以龟甲、贝壳为铸币之材便是证据。金、银、铜是贵金属，以之为铸造钱币的材料在情理之中，龟甲、贝壳在上古时代虽然也曾经作为货币之用，但其时此两物是极为普通的物品，不值钱，选择作为铸币之材显然是出于无知；其二更为本质，那便是在巨大的财政压力之下，王莽以此为"生财之道"来增加国库收入。逻辑上，金属货币的币值，是金属材料的市值加上铸造的成本，其真实价值几何人们容易看得清楚。但试看王莽的币制改革，每一次都是以小换大，以轻换重，真实的币值越改越小，面额却越造越大，其实质是一次次地强行征收"货币税"，明火执仗地搜刮百姓财富。"每一易钱，民用破业。"此之谓也。

老百姓不傻。因为新钱不值钱，谁也不愿意使用，都愿意使用旧钱（汉朝的五铢钱）。于是每一次货币改革，王莽不得不如临大敌，一面严禁国民"挟铜炭"以防私铸钱，一面对百姓"大刑伺候"：

先是私铸钱者处以死刑,挟五铢钱以及阻挠"宝货"者,流放边疆;后来,私铸"泉布"的,全家罚入官府为奴婢;引入连坐惩罚制度,官吏与邻居知悉而不举报的,同罪;阻挠新发行的钱币之使用的,罚做劳役一年,当地官员免职……"犯法者多,不可胜行","坐卖买田宅奴铸钱抵罪者,自公卿至庶人,不可称数"传达了什么讯息?清楚不过:即便如是之严刑峻法下,新货币也无法顺利流通!

顺便说一句,这一史实,有力地否决了不知所谓却大行其道的"劣币驱逐良币"定律。"劣币驱逐良币"云者,是说当两种名义价值相同实际价值不同的货币同时流通时,实际价值较高的货币,即良币,必然退出流通——它们被收藏、熔化或被输出国外;实际价值较低的货币,即劣币,则充斥市场。一言以蔽之,在市场上,当良币和劣币并行流通时,良币会被劣币"驱逐"出场,最终只剩下劣币。然而,王莽币制改革的结果却清楚地表明着,即便"齐之以刑",在行政权力高压之下,"良币"(汉五铢钱)依然驱之不去,人们宁愿冒着坐牢的危险私下使用,而将"劣币"(王莽新发行的各种货币)弃之如敝履。人们的选择,是良币驱逐劣币,而非劣币驱逐良币!

货币的发明,是为了协助交易。因为以物易物实在是不方便,实在是太麻烦了,也即是交易费用太高了。作为交换中介的货币的出现,极大地便利了物品交易,交易费用骤降。王莽的货币制度改革,复杂、紊乱而又多变,导致人们不信任,也不愿意使用。于是乎整个社会便陷入了一个僵局:一方面,旧币(汉五铢钱),政府不允许使用;另一方面,新币(王莽政府新发行的各种货币),人们不愿意使用。这就相当于废除了货币,回到以物易物的时代了。其带来的,是整个社会的灾难:"农商失业,食货俱废,民人至涕泣于市道。"这是说,整个社会的经济瘫痪了。

身死国灭,新朝破产

地皇四年十月,农民起义军绿林军攻入长安,王莽为其中的一名兵士——商县人杜吴所杀,新朝就此灭亡。

某种意义上说,王莽的新朝"生不逢时",因为这一时期气候异常,天灾接连不断。《汉书·王莽传》记载了一件事情,天凤四年农历七月,王莽率百官去南郊铸"威斗"——最高权力的象征,形似北斗,以铜与五色石铸成。"铸斗日,大寒,百官人马有冻死者。"农历七月是夏季,时当炎热,居然冻死了人马,气候之反常令人骇异。气候异常必然带来农业歉收,《汉书·食货志》说,新朝一代,"常苦枯旱,亡(无)有平岁,谷贾(价)翔贵"。

然而,新朝的灭亡是因为天灾么?当然不是,根本的原因,实在是人祸。上述的分析,分明地指出了问题之症结所在:王莽的每一项改革,都是在往提升社会的交易费用也即是增加租值消散的方向走,一项一项地累加上去,终至交易费用高到社会无法正常运行而中断,新朝就此画上句号。是的,任性的"改名运动",无端端地人为造成了内部社会混乱,挑起了与周边国家的战端;大张旗鼓的土地改革劳而无功,代价高昂而收益为零;"五均六管"则大肆与民争利,横征暴敛;复杂而又多变的货币制度改革实质上废除了货币功能,导致社会整体经济的崩溃。可以说,王莽推出的每一项改革举措,一方面让自己的处境更为艰难——持续地增加自己治国理政的费用和成本,一方面让百姓的处境更为艰难——不断地削减百姓财富和降低其生活水平,终至于"富者不得自保,贫者无以自存"。于是乎民不聊生,揭竿而起,王莽授首,新朝破产。

《汉书·地理志》记载说,汉平帝元始二年,是西汉"天下户口最盛"的一年,其时全国登记在册的家庭多达12233062户,人口达59594978人。而至新朝地皇元年,"及莽为诛,天下户口减半矣"。而在东汉光武帝末年,载于户籍的人口仅为2100多万人。由此可见新朝一代,人口减少之巨。他们或死于战争(内战与外战),或死于刑罪,或死于饥饿和瘟疫……行文至此,不觉废卷浩叹:生民何辜,遭此荼毒?

"欲得富，赶着行在卖酒醋"：宋朝为什么鼓励人们喝酒？

七　"欲得富,赶着行在卖酒醋":宋朝为什么鼓励人们喝酒?

宋人王栐所撰《燕翼谋贻录》云:"官榷酒酤,其来久矣……新法既行,悉归于公,上散青苗钱于设厅,而置酒肆于谯门。民持钱而出者,诱之使饮,十费其二三矣。又恐其不顾也,则命娼女坐肆,作乐以蛊惑之。小民无知,竞争斗殴,官不能禁,则又差兵官列枷杖以弹压之,名曰'设法卖酒'。"其所记载的,是王安石推行新法时期官府卖酒的一幕:开设在城楼的官办酒肆,当街以歌女招徕顾客,刚从官府借到"青苗钱"(政府经营的小额贷款,乡村户和坊郭户皆可借贷)的百姓,不敌诱惑,入肆饮酒,一顿喝下来,便花掉了贷款的十分之二三。这一现象,时人称之为"设法卖酒"。

酒楼以歌伎招徕顾客的做法,风行于两宋时期,宋人笔记对此多有记录。孟元老所撰之《东京梦华录》载,北宋首都汴京城内的大酒楼,"向晚灯烛荧煌,上下相照,浓妆妓女数百,聚于主廊㾿面上,以待酒客呼唤,望之宛若神仙";又云:"诸酒店必有厅院,廊庑掩映,排列小阁子,吊窗花竹,各垂帘幕,命妓歌笑,各得稳便"。周密所著之《武林旧事》载,南宋都城临安城内,和乐楼、和丰楼以及春风楼等十一家官府酒楼(官库),"每库设官妓数十人,各有金银酒器千两,以供饮客之用";熙春楼、三元楼、五间楼等十八家知名私营酒楼,"每处各有私名妓数十辈,皆时妆袂服,巧笑争妍,夏月茉莉盈头,春满绮陌,凭槛招邀,谓之'卖客'"。

这已然不是寻常的鼓励和倡导,而是想方设法地竭力诱惑百姓喝酒,刺激酒类消费了。在诸如"设法卖酒"等政策措施的刺激下,两宋的酒类消费市场格外繁荣。北宋首都汴京城内,酒楼林立,"在京正店七十二户,此外不能遍数,其余皆谓之脚店"(《东京梦华录》);在南宋行在临安,酒肆遍布,"歌管欢笑之声,每夕达旦,往往与朝天车马相接,虽风雨暑雪,不少减也"(《武林旧事》)。据《宋史·食货志》记载,其时酿酒采用的原料有秔(粳)、糯、粟、黍、麦等,各地"从水土所宜"。酿造出来的酒则有"小酒"和"大酒"之分:自春至秋间随酿随卖的,唤作"小酒",有二十六个等级,单价五钱至三十钱不等;腊月下料酿造,经过蒸馏,存储半年至夏季方才出售的,谓之"大酒",有二十三个等级,单价八钱至四十八钱不等。可见"小酒"和"大酒"云云,其实是酒的质量之分,"大酒"较"小酒"质量高,价格也贵。

国家财政收入"酒课"举足轻重

赵宋王朝自上而下喝酒成风,在中国历史上,无疑是一个异类。

传统中国往往将酒视为不祥之物,小则败事,大则亡国,所以对人们的饮酒行为屡加约束,甚至百计遏抑,出台各色的"禁酒令"。故老相传,最早发出"饮酒亡国"警告的,是大禹。《战国策·

魏策》云:"帝女令仪狄作酒而美,进之禹,禹饮而甘之,遂疏仪狄而绝旨酒。曰,后世必有以酒亡其国者。"西周初年,周公亲率大军东征,平定"三监之路",将殷商故地分封给其弟康叔建立卫国时,特地为其制定了一则《酒诰》,对卫国百姓的饮酒行为多有约束,尤其是严禁聚众喝酒,凡参与"群饮"的,一律格杀勿论——"厥或诰曰:'群饮。'汝勿佚,尽执拘以归于周,予其杀。"西汉也有禁止"群饮"的规定:"三人以上无故群饮酒,罚金四两。"三国时,远征乌桓的那一年,曹操"表制酒禁"(《后汉书·孔融传》)。明朝建立之前,朱元璋在其统治的地区实行禁酒。为了从根源上杜绝酒的生产,至正二十六年,他甚至下令禁止百姓种植糯米——"囊因民间造酒,糜费米麦,故行禁酒之令。今春麦价稍平,颇有益于民,然非塞其源而欲遏其流,不可也。今岁农民毋种糯米以塞造酒之源。"(《续文献通考·征榷》)

别的朝代每每以这样或者那样真真假假的理由限制百姓饮酒,甚至严加禁止,为什么赵宋王朝反其道而行之,非但不加以抑制,而且鼓励有加,而且唯恐人们不喝酒,以至于推出"设法卖酒"这样的举措刺激酒类消费?无他,利之所在也:在赵宋王朝的财政收入构成中,来自酒业的收入举足轻重。

赵宋王朝在酒业中获利几何?漆侠所著之《宋代经济史》,根据《宋史》《宋会要辑稿》《续资治通鉴长编》《文献通考》《建炎以来朝野杂记》等史籍整理了一份"酒课及占总税收百分数"表,援引数据如下:

宋太宗至道二年:酒课收入总计325.9万贯,占财政收入的 20.4%；

宋真宗景德中：酒课收入总计 428 万余贯，占财政收入的 16.1%；

宋真宗天禧末：酒课收入总计 1270 万余贯，占财政收入的 36%；

宋仁宗庆历中：酒课收入总计 1710 万余贯，占财政收入的 44%；

宋仁宗皇祐中：酒课收入总计 1498.6196 万贯，占财政收入的 38%；

宋英宗治平中：酒课收入总计 1286.2493 万贯，占财政收入的 29%；

宋神宗熙宁十年：酒课收入总计 1310.7411 万贯，占财政收入的 23%；

宋高宗绍兴三十一年：两浙路、江南东西路、荆湖南北路酒课收入计 1380 余万贯；

宋孝宗以后：诸路酒课收入约为 500 余万余贯；

宋孝宗乾道年间：行在七酒库息钱计 180—210 万贯；

宋宁宗开禧三年前：四川酒课 690 余万贯；

宋宁宗开禧三年后：四川酒课 400 余万贯。

从这数据来看，在最高峰时期，酒课收入一度占到了国家财政收入的四成以上，可谓惊人。酒课收入之于赵宋王朝的重要性，于此一览无遗。这解释了为什么赵宋王朝会鼓励百姓喝酒，以至于出台诸如"设法卖酒"之类的政策千方百计地刺激酒类消费。因为没有需求,酒便卖不出去,收入也就无从谈起。需求越盛,越容易卖酒,从酒业中敛取的收入自然也就越多。

接下来的问题是,无论从绝对值还是从相对值来看,两宋的酒课收入均远高于别的朝代,为什么赵宋王朝能够从酒业中榨取如此惊人的收入?

宋朝酒类专卖的三种制度安排

宋朝对酒业实行"禁榷"制度。"禁榷"云者,政府专卖也,也即是政府赋予自己垄断权,禁止百姓染指。其之目的,当然是为了增加政府收入。在传统中国,将"禁榷"制度发挥至极致的,莫过于赵宋王朝。"禁榷"的物品,除了酒之外,还有盐、铁、醋、茶、香料、铜、铅等,大凡与民生有关的,皆由官府垄断专卖。"禁榷"的物品范围之广,实施时间之长,执行之严厉,无出其右者。然而,"榷酤"即酒类专卖并非宋朝的发明。从史籍的记载看,"榷酤"的源头,可上溯至汉武帝时期,天汉三年,"初榷酒酤"(《汉书·武帝纪》)。唐德宗建中年间,为了筹措军费,也曾下令实施酒类专卖——"建中三年,初榷酒,天下悉令官酿……委州县综领,醨薄私酿,罪有差。"(《旧唐书·食货志》)宋代的"榷酤"制度,不过是承李唐及五代之旧制,沿袭而来,并在此基础上发扬光大而已。

一般而言,因为产权界定不清,政府专卖的官营机构和企业偏于无效率:产品质次价高,经营亏损,内部腐败也往往如影随形。宋初的酒类专卖也没有逃脱这一规律。《宋史·食货志》载,北宋开国的时候,陈、滑、蔡、颍、随、郢、邓、金、房州、信阳军等地并不实行酒类专卖,宋太宗太平兴国年间,在京西转运使程能的建议下,始行"官榷"之策。然而,官酿之酒质量差,卖不出去,以至于不得不强行摊派,凡百姓人家办红白喜事,须按照家庭规模大小购买相应数量的官酒;再加上官员贪污,最终收不抵支,落得一个亏损了事——"所在置官吏局署,取民租米麦给酿,以官钱市樵薪及吏工俸料。岁计获无几,而主吏规其盈羡,及酝齐不良,酒多醨薄,至课民婚葬,量户大小令酤,民甚被其害。岁俭物贵,殆不偿其费。"因为无利可图,遂于淳化五年废除"官榷",改为"募民自酿",并减按原先的三分之二征税。

既然酒类专卖自古而有,而政府专卖的官营机构偏于无效率,那么问题来了:为什么赵宋王朝凭借酒类专卖敛取了远超别代王朝的财政收入?很显然,宋代的"榷酤"必然有其特别之处。那么,其特别之处是什么?回答是,宋代的"榷酤"引进了一系列的制度安排,从而大幅提升了酒类专卖制度的效率。

宋代的"榷酤"制度,大抵有两类:一类是"官榷"制,一类是"买扑"制。先说"官榷"制。所谓"官榷"制,是官府在各地设立"酒务"——汴京以外的州、军为都酒务,县称之为酒务,其下有酿酒的场坊,也有卖酒的酒店或酒肆,官酿官卖,是一个产销一体的机构。管理"酒务"的,则是酒务官或监官。骤眼看来,"酒务"是一个官营的机构,不可能有效率,但是,因为一系列制度安排的引入,使"官榷"制的效率大为改观。这些制度安排,简而言之,主要有三:

其一,设立酒课定额作为酒务官或监官的政绩考核指标,并视其完成与否进行奖励或者处罚。这定额指标,宋代称之为"祖额"

或"租额"。酒课立额,始于宋真宗咸平四年——"咸平四年五月四日,敕诸州曲务自今后将一年都收到钱,仍取端拱至淳化元年三年内中等钱数立为祖额,比较科罚,则酒课立额自此始。"(《文献通考·征榷·榷酤》)酒课"祖额"并非一成不变,而是随实际酒课收入的增减而变化。"祖额"一般取数年中的"酌中"之数为定额,最为常见是取三年、五年中的中间值。如果上缴的酒课收入达不到"祖额",则不仅酒务官会受到处分,所在地的地方行政长官知州、通判也会受到惩罚。如宋真宗大中祥符六年七月诏令"诸路茶、盐、酒税及诸场务自今总一岁之课合为一,以额较之。有亏则计分数,知州、通判减监官一等科罚,州司典吏减专典一等论,大臣及武臣知州军者止罚通判以下"(《续资治通鉴长编》)。如此一来,酒课"祖额"的完成与否,也与地方官员的利益捆绑在一起了,一荣俱荣,一损俱损,谁也不能置身事外。

其二,建立激励机制:超过"祖额"的酒课收入,酒务监官与专匠可参与分成。元丰七年出台的赏格法规定:"酒务监官,年终课利增额计所增数,给二厘;酒务专匠,年终课利增额计所增数,给一厘。"(《续资治通鉴长编》)

其三,添置"比较务",引入竞争机制。《宋会要辑稿·食货》载,政和二年,江浙发运副使董正尉在奏折中提到,润州都酒务原本连年亏损,酒务监官李遂添置"比较务"后,一举扭亏为盈,每年可赚两万余贯。因此他建议将此法引入两浙路:"欲望本路将杭州都酒务分作三处,更置比较务二所,不消增添官吏、兵匠,所贵易于检查,可以增羡,少助岁(钱)。如蒙施行,其本路州军并乞添置比较务。"此建议最终获准实施。两年后,宋廷又出台规定,厘清两浙路比较务和原酒务之间的课额指标分配等事宜,同时制定了添置比较务的实操办法:"诏酒务双员处分二务,三员处分三务,四员以上,员额虽多,即不得过四务。"由此观之,添置"比较务",本质上是将原先的都酒务分拆,视其人员和课利状况分拆两处、三处或者四处。原本在州、军区域范围内,只有都酒务一家垄断经营,分拆之后,一改以往"只此一家别无分店"的现象,形成了两家、三家乃至四家彼此竞争的格局。

"官榷"之外,宋朝"榷酤"的另一种主要制度安排,是"买扑"。所谓"买扑",从竞买者的角度说,是扑户向官府购买一定期限内的某一区域的酒类专卖权;从官府的角度看,则是面向扑户拍卖指定期限和区域的酒类专卖权牌照。因此,"买扑"之后,扑户要与官府签订合约——"即给要契",合约要写明许可专卖的区域——如"许于州城二十里外""城镇十里外"等,也要约定期限——宋代的"买扑"合约期限,最初是一年,后改为三年,即从"一年一界"变为"三年一替"。为了将酒类专卖权卖出好价钱,官府也往往添加些"甜头"。如大圣五年,宋仁宗诏令:"白矾楼酒店如有情愿买扑出办课利,令于在京脚店小户内拨定三千户每日于本店取酒沽卖。"(《宋会要辑稿·食货》)"买扑"面向市场,任何人都可以参与,但因为需要较为雄厚的资金,"买扑"者大抵为豪姓大户。

"买扑"制度前后也有变化。《建炎以来朝野杂记》载,"买扑"最初采用的是固定价格拍卖——"坊场之法,旧制扑户相承,皆有定额,不许增添价数",但后来实行"实封投状制",即采用竞标的办法,价高者得——"许价高者射取之,于是小人儌一时之幸,争越旧额,至有三两倍者,旧百缗,今有至千缗者。"

以今天的眼光视之，宋代的"官榷"制和"买扑"制，其本质是这样的：赵宋朝廷是一家授予自己垄断权的酒业公司，"官榷"制下遍布各地的"酒务"，是其开出的直营店。为了提升直营店的效率和产出，首先给每一个直营店设立了KPI，其中的核心指标是"祖额"，并将其与酒务官乃至所在地的地方官员的政绩挂钩，作为升迁降职的依据；其后引进激励机制，超过"祖额"的酒课收入，酒务监官与专匠可分别得到二厘和一厘的提成；接着又引入了内部竞争机制，将州、军的都酒务分拆成两家、三家或者四家，变一家垄断为多家竞争。"买扑"制下的扑户，则是其招募的经销商。这些经销商拥有自己的产权，当然是自主经营自负盈亏的市场化经营主体。面向扑户的酒类专卖权牌照拍卖，从最初标价出售到后来改为竞价招标，则无疑实现了牌照价值的最大化。可见不论是"官榷"制还是"买扑"制，在实践中不断变革，推动着宋代的"榷酤"制度一步步地向着提升效率的方向走。此所以其酒课收入远超别的朝代，为赵宋朝廷的财政收入贡献良多也。

到了南宋，"官榷"和"买扑"之外，"榷酤"又出现一种新的制度，曰"隔槽法"。发明这一制度的是其时"总领四川财赋"的赵开。建炎三年，赵开在成都"大变酒法"："先罢公帑卖供给酒，即旧扑买坊场所置隔酿，设官主之，民以米赴官自酿。曲与酿具官悉自买，听酿户各以米赴官场自酿。凡一石米输三千，并头子杂用等二十二。其酿之多寡，惟钱是视，不限数也。"（《宋史·赵开传》）简而言之，所谓"隔槽法"，就是由官府提供酿酒的场地、工具以及酒曲，听任百姓携米自酿，每石米官府收取费用三千钱，杂费二十二钱，酿酒多少随意，多酿多缴费，少酿少缴费，没有任何数量限制。

"隔槽法"在成都试点之后,第二年便迅速推行至川陕四路。一年之内,官槽多至四百所,"岁利增至六百九十余万贯"。但好景不长,没过几年,因为来官槽酿酒之人日少,官府开始采取强制摊派的做法,不再按量(即凡一石米输三千,并头子杂用等二十二)来收取费用,而改为每月定额缴纳,于是民怨沸腾。绍兴六年,赵开被朝廷解职。其后官槽或者改为"官榷",或者改为"买扑"。

从经济学的角度看,"隔槽法"其实是"榷酤"制度下最有效率的一种安排。官府提供酿酒的场地、工具以及酒曲,百姓携米自酿,官府按量收取费用。这收取的费用,本质是"租"而不是"税"。租和税的主要区别:一,"租"是基于某些指定资产来收取的,而"税"则没有。"隔槽法"下,官府提供酿酒的场地、工具以及酒曲,然后向使用这些资产的酿酒户来收取费用;二,"租"是使用资产的人有权不参与,但税没有这个选择。"隔槽法"下,民户有权自主决定酿与不酿。因此,"隔槽法"收取的费用,是租,也即是酿酒的场地、工具以及酒曲的租值收入,其之极大化与资源使用效率的极大化是一致的,收入越高,意味着资源使用越合宜。赵开推行"隔槽法"最终失败的原因有二:其一,不同地区使用同一收费标准。各地的经济发展水平参差,人们的收入不一,酒类消费市场有异,资源使用要有效率,收费标准不能划一,必须高下有别;其二,没有根据市场变化调整收费标准。当前来官槽酿酒之人零落稀少的现象出现之时,表明"凡一石米输三千,并头子杂用等二十二"的收费标准过高了,应该根据市场行情变化向下调整。很可惜,在财政收入(主要是军费开支)的压力下,"隔槽法"的主旨是"救一时之急",因此非但没有作上述的调整,反而变本加厉,采用强制摊派之举,公然劫夺民财——其实这一现象在"买扑"上同样存在。马端临对此颇具洞识，说得很到位："隔槽之法始行，听民就务，分槽酤卖，官计所入之米而取其课，若未病也。行之既久，酤卖亏欠，则责入米之家认定月额，不复核其米而第取其钱，民始病矣。"（《文献通考·征榷·榷酤》）

不论是"官榷""买扑"，还是"隔槽法"，赵宋朝廷实行"榷酤"的核心目的，是为了榨取尽可能多的酒课收入。为了维护酒类专卖的利益，宋朝对民间私酒的打击可谓不遗余力，对私酿私贩行为的量刑极重，最高可至死罪。《宋史·食货志》载，建隆二年，宋太祖诏令："犯私曲至十五斤，以私酒入城至三斗者始处极刑，余论罪有差"；卖者有罪，买家也有罪："私市酒、曲者减造人罪之半。"次年，再下酒、曲之禁："城郭二十斤、乡闾三十斤，弃市；民持私酒入京城五十里、西京及诸州城二十里者，至五斗处死；所定里数外，有官署酤酒而私酒入其地一石，弃市。"乾德四年，改为"凡至城郭五十斤以上，乡闾百斤以上，私酒入禁地二石三石以上，至有官署处四石五石以上者，乃死。"当然，在利益的驱使下，敢于犯险的也大有人在："诸路州县豪滑，酤造私酒，侵夺官课，巡捕官司，习以为常，不能禁绝。"（《宋会要辑稿·食货》）

宋人庄季裕所著《鸡肋编》云："建炎后俚语，有见当时之事者，如欲得官，杀人放火受招安；欲得富，赶着行在卖酒醋。"其实百姓通过"买扑"途径进入酒市发家致富也并不容易，破产倒闭的不在少数。叶适在《平阳县代纳坊场钱记》一文中记录了温州平阳县的一幕："县之乡村坊店二十五，当停闭二十一，有坊店之名而无其处，旧传自宣和时则然。"不过，对赵宋朝廷而言，这倒是一句实话。在"官榷""买扑"以及"隔槽法"等多种"榷酤"制度下，两宋从酒业中敛取的财富之多，是别的王朝所望尘莫及的。

"公私上下,并苦乏钱":宋朝为啥总是闹"钱荒"?

> 都市钱陌,官用七十七,街市通用七十五,鱼肉菜七十二,金银七十四,珠珍、雇婢妮、买虫蚁六十八,文字五十六,行市各有短长使用。

这是宋人笔记《东京梦华录》记录的北宋末年汴京城内铜钱的流通行情。"陌"通"百",钱陌即钱一百文。"官用七十七,街市通用七十五"云云,是说官方的标准以七十七文当作一百文使用,民间则通常以七十五文当作一百文使用。也即是说,一件市价一百文的物品,和官府结算支付七十七文即可,民间交易则更少了,只需支付七十五文。不止此也。各行各业也有各自的结算标准:鱼、肉、蔬菜行满百付七十二文,金、银器行满百付七十四文,买卖珠玉珍宝、禽鸟等小动物以及雇佣女仆,则是满百付六十八文,找人书写的价码,是满百付五十六文。

这可不是当今之世常见的"满百减三十""满百减四十"之类的商品打折促销活动,而是其时通行的支付结算标准。这一现象,名曰"短陌"。自然要问:一百文就是一百文,为什么当时从五十六文到七十七文都可以当作一百文使用,而且从官方到民间无一不是

"短斤缺两"?

"短陌"的背后,是始终困扰着两宋的一大问题:钱荒。

"铜钱荒"与两宋如影随形

宋朝是一个复杂的朝代。一方面,面对着北方先后兴起的辽、西夏、金、蒙古四个半游牧民族,军事上一败再败,积弱不振;另一方面,在经济、科技、文化领域,宋朝却是古代中国的巅峰时刻。不唯宁是,当其时也,在全世界范围内,宋朝也是最先进、最富庶的国度。其时城市勃兴,造船、冶炼、纺织、造纸、酿酒等众多行业得到空前发展,海外贸易繁盛,与宋代通商的国家多达50国以上。号称"中国古代四大发明"的造纸术、印刷术、指南针、火药,后三者皆发生于宋代。张择端的传世名画《清明上河图》描绘的北宋都城汴京之繁华与繁荣,是宋代经济一个生动的缩影。

这样一个经济发展站在空前高峰的朝代,三百多年间,却始终为"钱荒"困扰。这里的"钱荒",准确地说,是"铜钱荒"。

《宋史·食货志》记载,宋太宗太平兴国年间,在四川地区,"时铜钱已竭,民甚苦之"。东南的福建也一样,"是时,以福建铜钱数少,令建州铸大铁钱并行"。宋真宗咸平三年,吏部郎中、知泰州田锡上奏:"臣又以江南、两浙,自去年至今,民饿者十八九,未见国家精求救疗之术。……今月十二日,有杭州差人赍牒泰州会问公事,臣问彼处米价,每升六十五文足,彼中难得钱。"(《续资治通鉴长编》)宋仁宗庆历三年,欧阳修在《论乞不受吕绍宁所进羡余钱札子》中提到:"今三司自为阙钱,累于东南划刷,及以谷帛回易,则南方库藏岂有剩钱,闾里编民必无藏镪,故淮甸近岁号为钱荒。"宋神宗熙宁八年,张方平在《论钱禁铜法事》中写道:"乃自比年以来,公私上下,并苦乏钱。百货不通,万商束手。又缘青苗、助役之法,农民皆变转谷帛,输纳见钱。钱既难得,谷帛益贱,人情窘迫,谓之钱荒。"

较之于北宋,南宋的"钱荒"有过之而无不及。《宋会要辑稿·食货》载,绍兴十一年,"荆湖之南,即今米斗百余钱,谷价之贱,未有如此时者。今日钱荒之弊,无甚于湖南,兼并之家积谷于廪,以待凶荒。中人之产,仰给者惟田,而谷虽多,市者少,则钱益荒而民日益困矣"。最为夸张的一个例子,是南宋晚期包恢在《禁铜钱申省状》提到的台州地区:"今年之春,台城一日之间,忽绝无一文小钱在市行用。"

"钱荒"云者,顾名思义,就是钱少。那么,钱少是不是因为铸造的钱太少?并不尽然。得益于采掘、冶炼行业的快速发展,宋朝尤其是北宋的铸钱业非常发达。漆侠所著之《宋代经济史》,依据《宋史》《宋会要辑稿》《文献通考》《梦溪笔谈》《建炎以来朝野杂记》等史籍,整理出一份北宋时期的"铜线铸造数量(贯)和指数表",援引如下:

宋太宗至道年间	800000	100
宋真宗咸平三年	1350000	168.7
宋真宗景德末	1830000	228.75
宋真宗大中祥符八年	1250000	156.25
宋真宗天禧末	1050000	131.25

宋仁宗天圣年间	1000000	125
宋仁宗皇祐中	1465662	183.2
宋英宗治平中	1700000	212.5
宋神宗熙宁末年	3730000	466.25
宋神宗元丰三年	5060000	632.5
宋徽宗大观中	2890000	361.3
宋徽宗宣和二年	3000000	375

从此表可见，北宋一代的铜钱铸造量可观，尤其是在宋神宗元丰三年，铸币量达到了最高峰，为宋初的6倍之多。而与唐代相比，其产量的增长更是惊人。唐玄宗天宝年间铸铜钱31.7万贯，唐宪宗元和年间铸铜钱13.5万贯，宋神宗元丰三年的产量分别是前者的19倍和37倍。当然，至南宋后，铸钱业大为衰落——"自渡江后，岁铸（铜）钱才八万缗，近岁始倍。盖铜铁铅锡之入，视旧亦才二十之一，所铸钱视旧亦才二十之一尔。"（《宋会要辑稿·食货》）南宋铸钱业的衰落，源于铸币所需的金属原材料产量的急剧下降。但铜、铁、铅、锡等金属产量的大幅下降，不仅仅是因为丢失了北方领土，根本的原因，是在采掘冶炼业废除了始于宋神宗时期的"二八抽分制"——即冶户采掘冶炼所得的金属产品，十之二上交国家，其余的十之八冶户可自由买卖，南宋政府将其改为三七分成乃至四六分成，而且冶户所得的十之七或十之六的产品，不得自行买卖，由政府以远低于市价的价格统一收购。冶户无利可图，采掘冶炼业随告衰落。

宋人对"钱荒"的三种解释

那么,两宋的"钱荒"因何而起?宋人的解释,大抵有三:

其一,巨额的铜钱为富豪大姓所储藏,退出了市场流通。《续资治通鉴长编》载,"大中祥符八年十一月乙巳,三司奏乏银支用……王旦等曰:国家承平岁久,兼并之民,坐取厚利,京城百万者至多是,十万而上比比皆是,然则器皿之用,畜藏之货,何可胜算!"又云:"豪宗富室争畜大小铜钱与久铸大铁钱。"宋人笔记《春渚纪闻》记青州麻氏:"其富三世,自其祖以钱十万镇库,而未尝用也。"南宋时期,"比年权富之家以贮钱相尚,多者至累百巨万,而少者亦不下数十万缗"(《建炎以来系年要录》)。《宋史·杨万里传》载:"今之所谓钱者,富商、巨贾、阉宦、权贵皆盈室以藏之,至于百姓三军之用,惟破楮券尔。"绍兴二十九年,为了限制民间储藏过多的铜钱,宋高宗赵构下令:"命官之家存留见钱二万贯,民庶半之。"(《宋史·食货志》)按此标准,凡是家里有多出来的铜钱必须在两年兑换成金银或者茶、盐、香矾的钞引,并鼓励人们举报"越数寄隐"者。单由这一限制令,便足可想见其时民间喜好储藏铜钱之风气。

其二,大量的铜钱被销毁,改铸成各式的铜器后出售求利。宋太宗淳化年间,便有"京城无赖辈……销铸铜钱为器用杂物"(《续资治通鉴长编》)。宋神宗时,"自废罢铜禁,民间销毁无复可办。销熔十钱,得精铜一两,造作器用,获利五倍"(《论钱禁铜法事》)。至南宋,铜钱改铸铜器的行为和现象越发严重。《建炎以来系年要录》载:"江、浙之民巧为有素,销毁残宝,习以成风。其最者,如建康之句容,浙西之苏、湖,浙东之明、越,鼓铸器用,供给西方,无有纪极。计一两所费,不过千数钱,器成之日,即市百金。奸民竞利,靡所不铸。一岁之间,计所销毁,无虑数十万缗。"李弥逊则在《户部乞禁铜器札子》中写道:"且以铜钱一百文为足率,变造器物十两,卖钱仅一贯,获利至厚。"

其三,铜钱源源不断地流向境外。宋朝是其时全球范围内经济最发达的国度,发行的货币为各国所认可和接受,是名副其实的"世界货币"。"钱乃中国宝货,今乃与四夷共用"(《论钱禁铜法事》),此之谓也。也因为如此,在与各国的通商贸易中,宋朝的铜钱大量地外流。"两蕃南海贸易,有去无还"(《续资治通鉴长编》);"蕃夷得中国钱,分库储藏,以为镇国之宝,固入蕃者,非铜钱不往,而蕃货也非铜钱不售"(《宋会要辑稿·刑法》)。熙宁七年,王安石废除"铜禁",允许百姓携带铜钱出境但"每贯量收税钱",导致铜钱加速外流,"以此边关重车而出,海舶饱载而回"(《论钱禁铜法事》)。元祐四年,苏辙出使辽国,看到宋朝的铜钱通行于契丹境内:"北界别无钱币,公私交易,并使本朝铜钱。沿边禁钱条法虽极深重,而利之所在,势无由止。本朝每岁铸钱以百万计,而所在常患钱少,盖散入四夷,势当尔也。"(《论北朝所见于朝廷不便事》)南宋时期,铜钱外流现象也未见改观。绍兴和议后,"南北贸易,缗钱之入敌境者,不知其几"(《宋史·食货志》)。前面提及的南宋晚期台州城内一日之间忽然"绝无一文小钱在市行用",也是因为日本商人在海上低价甩卖货物换取宋朝铜钱引发的:"倭所酷好者铜钱,而止海上;民户所贪嗜者,倭船多有珍奇,凡值一百贯文者,止

可十贯文得之；凡值一千贯文者，止可百贯文得之。"（《禁铜钱申省状》）

由是观之，宋人已经认识到，"钱荒"的发生，不是简单的铜钱铸造量不足的问题，远为重要的，是人们喜好储藏铜钱、销毁铜钱改铸铜器以及铜钱外流等行为和现象的出现，导致市场上流通的铜钱大为减少，捉襟见肘。也即是说，铜钱的铸造量再多再大，因为上述行为和现象的存在，市场上依然会发生"钱荒"。是的，"钱荒"云者，主要是说市场上的铜钱匮乏，不够用。

宋廷并非没有采取措施来遏制上述引发"钱荒"的行为和现象。譬如说，前面提及，宋高宗赵构曾颁发政令，"命官之家存留见钱二万贯，民庶半之"，以限制民间储藏过多的铜钱；庆元三年，宋宁宗下令严惩销熔铜钱取铜铸造器物者："一两杖一百，一斤加一等，工匠送铸钱充役，八斤皆配本城，十斤皆配五百里"（《庆元条法事例》）；而从开国起，宋廷便一直严禁铜钱外流，"载钱出中国及一贯文，罪处死"（《论钱禁铜法事》），"官私铜钱不得辄入海船"，"如捕获犯人，与重置典宪"（《宋会要辑稿·刑法》）。然而，"钱荒"一而再再而三发生的事实，证明着上述举措不过是"可怜无补费精神"，收效甚微。道理简单，用苏辙的话说，无非是"利之所在，势无由止"。

货币制度是"钱荒"的根源

恰如宋人所解释的那样，储藏铜钱、销毁铜钱改铸铜器以及铜钱外流直接造成了宋朝的"钱荒"。那么,这就是宋朝"钱荒"的答案么?并不然的。因为上述行为只是导致宋朝发生"钱荒"的直接因素,而非其根源和本质。那么,宋朝"钱荒"的根源是什么?

回答是,宋朝的货币制度。

宋朝流通的主要货币,是铜钱和铁钱,铁钱专行于四川地区,其他地区大抵使用铜钱。因此,本质上,宋朝实施的货币制度,是"铜本位"。和金本位、银本位一样,属于金属本位制的一种。金属本位制下,货币的币值,由两部分构成,一是金属本身的价值,一是铸钱的成本或费用。也即是说,金属的市值加上铸币的费用,决定了金属货币的真正币值。

金属本位制的施行有漫长的历史,中外皆然。然而,金属本位制的不足之处也是显而易见的,主要有二:其一,货币的供应量取决于金属的供应量,金属供应量不足,会带来货币供应短缺,形成通货紧缩;其二,金属本身是一种物品,其市价会上下波动,这一面带来货币的真实币值与面额的偏离,一面也因此导致市场上其他物品的价格波动。这是金属本位制与生俱来的难题,是本质上的内在困境,无从拆解。

宋朝的"钱荒",正是金属本位制的内在困境带来的。说过了,宋朝是古代中国的经济巅峰,其时城市勃兴,工商业发达,社会对铜钱的需求大增。与此同时,人们对各类日常生活中的铜器(如铜镜、铜炉、铜盆、铜壶和铜制茶具等)之需求也日益增长。这两大需求的叠加,推动铜价不断上涨。铜价不断上涨的一个直接后果,别的且勿论,单就货币本身而言,是已铸铜钱的真实币值和面额发生偏离,铜钱的真实币值高于面额。铜价越涨,已铸铜钱的真实币值越高,与面额的偏离越大。

这就是为什么宋朝的富豪大姓会"争畜"铜钱:铜价不断上涨,意味着铜钱的真实币值不断攀升,储藏铜钱是资产保值增值的好去处;这就是为什么会有那么多的所谓"奸民"争相销熔铜钱转铸铜器出售:铜价不断上涨,铜器的价格水涨船高,"铜贵钱贱"——铜钱中所含铜的市价远高于铜钱面额,从铜钱中取铜而铸造铜器出售有"暴利"可图,"销熔十钱,得精铜一两,造作器用,获利五倍",自然趋之若鹜。至于铜钱源源不断地外流,是因为宋朝铜钱的真实币值,在周边和海外诸国要远高于宋朝。也即是以宋朝的铜钱衡量,周边和海外诸国的物价要远低于宋朝。铜价不断上涨,意味着宋朝铜钱的真实币值也持续上升。因此,即便在与宋人贸易时"值一百贯文"的物品只收"十贯文","值一千贯文"的物品只收"百贯文",换得铜钱回到国内使用依然有利可图。

"钱荒"带来的后果是严重的。譬如说,在宋神宗、哲宗时期,"钱荒"之下,"百货不通,万商束手……钱既难得,谷帛益贱"(《论钱禁铜法事》);"东南六路……农民困于输钱,工商窘于射利"(《论讨岭南利害九事》);"浙中自来号称钱荒,今者尤甚。百姓持银、绢、丝、棉入市,莫有顾者,质库人户往往昼闭";"钱愈重而谷帛愈轻,田宅益贱"(《续资治通鉴长编》)……这是典型的通货紧缩带来的物价走低和经济萧条景象了。

或者要问,既然铜价上涨导致铜钱的真实币值上升,进而导致"钱荒"的发生,则减少铜钱的含铜量以降低其真实币值,使其与面额相符,不就解决问题了么? 逻辑上没有错,但知易行难,实践起来不容易,坦率地说,其实是"不可能完成的任务"。因为铜价随时在波动，而铜钱从铸造到流通都是有时滞的。如果主事者又想借此改善财政收入，则更难达到预想的效果了。宋仁宗时期，为应对"钱荒"，铸造大铜钱，以一当十，即一枚大铜钱的面额为十文，可兑换十枚小铜钱，但因为含铜量过低，其真实币值大大低于面额，"大约小铜钱三，可铸大铜钱一"，导致民间盗铸成风，市场上"币轻物贵"。南宋朝廷应对"钱荒"的办法，则是大量发行纸币，从宋高宗时期的300万贯起步，宋理宗淳祐六年时已高达6.5亿贯。纸币泛滥的结果，是"市井视之，粪土不如"，是"诸行百市，物价涌贵"，从最初的通货紧缩变为通货膨胀了。

是的，金属本位制下，受制于金属产量及其价格的波动，"钱荒"即通货紧缩时不时便会发生。说过了，这是金属本位制的内在困境，无从拆解。在古代中国，"钱荒"其实在很多朝代都发生过，宋朝的"钱荒"之所以发生得频密和显著，是因为其时生产力大发展，经济发达的缘故。

九

"造极于赵宋之世"：宋朝何以站上古代中国的经济巅峰？

九 "造极于赵宋之世":宋朝何以站上古代中国的经济巅峰?

严复说:"中国所以成为今日现象者,为恶为善,姑不具论,而为宋人所造就,什八九可断言也。"(《与熊纯如书札》)诚哉斯言。不过,这个对后世影响至深的朝代,史家的评价大相径庭,近乎两极分化。在钱穆看来,宋朝是一个"积贫积弱"的时代。其之《国史大纲》述及两宋,一曰"宋代对外之积弱不振",再曰"宋室内部之积贫难疗",认为其"始终摆脱不掉贫弱的命运"。而陈寅恪对赵宋王朝赞誉有加:"华夏民族之文化,历数千载之演进,造极于赵宋之世。"(《邓广铭〈宋史职官志考证〉序》)漆侠则以为,"在我国古代经济文化发展的总过程中,宋代不仅它的社会经济发展到最高峰,而且它的文化也发展到登峰造极的地步"(《宋学的发展和演变》)。

这是不奇怪的。宋朝是一个复杂的朝代,不是可以"一言以蔽之"的。两宋武功不竞,在军事上,面对着北方先后兴起的辽、夏、金和蒙古四个半游牧民族政权,一败再败。贯穿三百余年的,无非是一部退却和挫败的屈辱史。从这一面看,可谓"积贫积弱"。但宋朝的文治大为可观,其经济、文化和科技之发达,为历代所不及,是古代中国的巅峰。从这一面看,"造极于赵宋"也非过誉。横看成岭侧成峰,结论自然迥异。

军事不论,文化和科技也不论,这里单说经济。宋朝不但是古代中国的巅峰,亦是其时世界的领先者。法国汉学家谢和耐说:"11—13世纪,政治生活、社会生活、经济生活与前代比较,没有任何一个领域不显示出根本变化。不仅是程度上的变化(如人口增加,生产普遍发展,对内、对外贸易增长,等等),而且是性质改变。政治风尚、社会、阶级关系、军队、城乡关系、经济形式均与唐朝这个中世纪式的贵族帝国迥然不同。一个新世界诞生了,其基本特点已是近代中国的特点。"(《中国社会史》)英国学者安格斯·麦迪森在其著作《世界经济千年史》一书中,采用购买力平价法,以1990年1美元的购买力为基准,估算出宋初的人均GDP为450美元,至宋末则达600美元,由此得出的结论是:"早在公元10世纪时,中国人均收入上就已经是世界经济中的领先国家,而且这个地位一直持续到15世纪。"黄仁宇亦云:"公元960年宋代兴起,中国好像进入了现代,一种物质文化由此展开……在11、12世纪内,中国大城市里的生活程度可以与世界上任何其他城市比较而不逊色。"(《中国大历史》)

这赞誉并非空穴来风。从史实来看,宋代的经济确乎有些异彩。其时城市勃兴,大量人口涌入城市,北宋的都城汴京和南宋的都城临安,其常住人口均在百万以上;大街小巷店铺林立,买卖昼夜不绝,夜市三更方尽,五更早市又开,通宵营业者亦常见;工商业各种新兴行当不断涌现,隋唐有所谓二百二十行,至南宋时已多达四百一十四行;海外贸易繁盛,各国商船往来不息,与宋朝通商的国家多达五十余国,遍及西太平洋、印度洋和波斯湾;宋朝发行的铜钱是名副其实的"世界货币",为各国所宝爱,争相持有和储藏……

秦汉远矣,宋朝上承隋、唐,下启元、明、清,其疆域远逊于隋、唐、元、明、清,然其经济发展,既超越了之前的隋、唐,又为后来的元、明、清所不及,遂成为古代中国的经济巅峰。换言之,宋代创造了古代中国的一个经济奇迹。

那么,这一经济奇迹因何而发生?或者说,站上古代中国经济巅峰的宋朝,究竟做对了什么?以余观之,大抵有四,且一一分述如下:

私有产权的尊重与维护

公元960年,陈桥兵变,赵匡胤被部下拥立为帝,是为宋太祖。《宋史·太祖本纪》载,在率领军队返回京城之际,赵匡胤与部下"约法三章",其中一条,便是约束部下不得抢夺、侵犯官家和私人的财产——"朝廷府库、士庶之家,不得侵掠"。入城时,城内有人趁火打劫抢掠他人财物,赵匡胤下令将其捉拿归案并处以死刑,同时由官府出资对被害人予以赔偿——"上之入也,闾巷奸民往往乘便攘夺,于是索得数辈斩于市,被掠者官偿其赀。"

发生于开封城内的这一幕,既是出于非常时期稳定政局和人心的考量,亦缘于赵匡胤的财产观。"普天之下,莫非王土;率土之滨,莫非王臣。"历代帝王往往将国家和天下视为自己的私产,天下的一切财物,均归其所有。但赵匡胤的理念与之有别。他认为皇帝不是天下财物的所有者,而是守护者——"我以四海之富,宫殿悉以金银为饰,力亦可办,但念我为天下守财耳,岂可妄用。"(《续资治通鉴长编》)纵观历代开国君主的言行,这种理念是绝无仅有的。

这是宋朝的基调。放眼古代中国,对私有产权的尊重与维护,最为有力的,莫过于宋朝。且举例以明。

说起宋代的土地制度,史家大抵以"田制不立""不抑兼并"概括之。所谓"田制不立",是说宋朝开国之后没有采用先前朝代沿用的"按户授田"的土地分配制度。譬如说,西晋时期,土地分配的标准是男丁每人 70 亩,女子每人 30 亩,也即是每户家庭 100 亩。从北魏到隋唐,则一律推行"均田制"。隋朝一夫授露田 80 亩,一妇授露田 40 亩,男丁每人另授永业田 20 亩。唐代则是凡 18 岁以上的男丁给田一顷,即 100 亩,其中 80 亩为口分田,20 亩为永业田。不难明白,采用"授田制",首先必须将天下的土地收归国有,唯此政府才会有田地分配给百姓,这必然要打破原有的土地产权关系。其本质是先前的土地私有产权不被新的朝代所承认和保护。宋朝"田制不立",开国之后并没有对土地产权进行调整,而是一概承认原有的土地产权的合法性,并对土地的私有产权予以尊重和保护。所谓"不抑兼并",则是说宋朝允许土地自由买卖,官府对此不加干预与限制。而在"按户授田"的土地分配制度下,土地买卖是受到政府严格管控的。北魏时,分配给百姓的"露田",年老(超过 70 岁)或者身后必须返还给政府,不准买卖。每户分得的"桑田",可以世袭继承,也可以部分买卖,但不得超过国家规定的额度;唐代的口分田,身后也是要还给官府的,不允许买卖,永业田可以买卖,但也有条件限制。

宋朝民间土地买卖自由，"贫富无定势，田宅无定主，有钱则买，无钱则卖"（《袁氏世范》）。与土地交易活跃相伴而来的，是"田宅之讼"的频繁。为了规范土地交易行为，宋廷制定了详尽的交易条例和法令——"官中条令，惟（田产）交易一事最为详备，盖欲以杜争端也。"（《袁氏世范》）买卖土地的流程，大抵是在中间人的见证下，双方签订买卖土地的契约，然后将田契向当地官府呈报。官府认可后，盖上官印，收取交易契税，将土地过户给买主，从此以后该块土地的田赋由买主承担，交易便告完成。这种盖着官印的田契，称之为"红契"，受法律认可和保护。私下交易没有经过官府盖章的田契，则谓"白契"，是不合法的。对于此类交易，官府的处置，大抵是要求买卖双方到官府登记，补缴契税，过割田赋，并不会否决土地买卖本身。

宋朝的土地买卖，除了断权成交（宋代称之为"绝卖"）之外，一种名曰"典卖"的交易形式非常普遍。"典卖"云者，是将土地产权拆分为"田底"和"田面"两权——用今天的话说，即是土地的所有权和使用权分离，田主保留"田底"（所有权），而将"田面"（使用权）转让给他人。"典卖"交易中，卖家是出典人，买家是典买人。在田契约定的期限内，出典人将土地使用权转让给典买人，原本由出典人承担的田赋也同时改由典买人交纳。典买人支付典价，在约定的期限内享有土地的使用权和收入权；期满后，出典人以原典价赎回土地。出典人可以不赎回土地，典买人也可以将土地转典给他人。"典卖"的出现，使得同一块土地上出现了两个"主人"：拥有"田底"的出典主和拥有"田面"的承典主，也就形成所谓的"一田两主"现象。虽然是"一田两主"，但在典卖契约中，出典人和典买人各自的权利和责任界定得非常清晰。在宋代，典卖契约一般采用官府统一印制的格式合同，买卖双方各执一份，并附有业主缴与典买人的上手契。"典卖"是政府认可的"正行交易"，受国家法律保护。汇集南宋官员处理的民事、刑事真实案件的《名公书判清明集》中，就载有不少涉及"典卖"交易的判例。

当官家征用私人田地时，则会按照市价予以补偿。《续资治通鉴长编》载，大中祥符七年，宋真宗建造"恭谢天地坛"，占用了开封18户民田，朝廷照价支付，另加30万钱的赏赐，并免除了18户人家的田赋——"诏给直外，赐钱三十万，仍蠲其租。"天圣元年，河南巩县因建造宋真宗的永定陵，征用民田18顷，"凡估钱七十万"，宋仁宗诏令"特给百万"（《宋会要辑稿·礼》）。

在男尊女卑的社会中，女性无疑是弱势群体，其权利容易受到侵害。《名公书判清明集》记载了"罗柄女使来安诉主母夺取所拨田产"一案，显示着宋代法律对下层女性的私有财产亦保护有力。其案说，罗柄有一婢女，名唤来安，为其生有一子，为罗妻所不容。罗柄不得不将来安母子安置在别处，并拨付田产作为其生活来源。不久，孩子不幸夭折，田产交还罗家，来安则被遣送回娘家。其后罗柄典买了另一块地送给来安，并以来安之名立户。次年，来安向出典人买下了这块田产。一年后，来安又典买了若干田地。罗柄死后，罗妻立刻派人上诉官府，企图将罗柄所赠田产和来安自置的田产一并"攘夺"。主审此案的范应铃严厉斥责罗妻用心歹毒，判决来安胜诉：罗柄所赠田产和自置的田产皆归来安所有，倘若来安此后嫁人，为其自随财产。

宋代的法律不仅保护本国居民的私有产权，对来华经商的外国人亦一视同仁。南宋乾道元年,宋孝宗的同母兄长赵伯圭主政明州(宁波),有位真里富国商人死于城内,留下大批资财,属下的官吏建议将这批财产充公。赵伯圭以为不妥,遂派人将真里富商人的遗体和财产护送至真里富国。第二年,真里富国遣使专程来明州答谢说:"今见中国仁政,不胜感慕"(《宗室赵伯圭行状》)。

"事无小大,一听于法。"两宋立法之繁密,司法体系之发达,为古代中国之最。梁启超曾感慨说:"宋代法典之多,实前古所未闻。每易一帝,必编一次。甚者每改一元,必编一次。"在这其中,私有财产保护之律令,可谓随在可见。上述的真实案例说明,宋代对私有产权的尊重与维护,并不停留在法律条例上,徒具空文,而是落实贯彻于社会生活的实践中。不是说宋代对私有产权的保护近乎完美,实际上,官府利用强权侵害私有产权的事例多有发生,而且在某些时段某些地区表现得很严重很夸张。但是,整体来看,在宋代,对私有产权的尊重与维护的观念深入人心,自上而下有一致的共识,在司法实践中也得以有力贯彻,是没有疑问的。这一点,宋朝远在别的朝代之上。

劳动力人口的自由迁徙

自战国起,古代中国便步入了所谓的"小农经济"社会。"小农经济"的本质,是附地而生。也即是占国民绝大多数的农民被牢牢地束缚于土地之上,没有自由迁徙的权利。商鞅在秦国主持变法,其中的一条重要举措,就是"使民不得擅迁",严禁人口自由迁徙。

此后"百代尽行秦制",严禁人口自由迁徙的政策一直为后世王朝所沿用。譬如说,汉代"编户齐民",一面对脱离户籍管理之人严加惩处,一面则对户籍人口的迁徙严加管制。离乡迁徙需要官府批准;临时离开原籍外出游历,则必须持官府颁发的"符"方可出行,"符"上记载着姓名、籍贯、身高、肤色等个人身份信息,以备查验。明代对人户的控制更为夸张,农民的活动空间限制在一里之内,务使"朝出暮入,作息之道互知焉"。离乡外出务工或经商,必须随身携带官府出具的"路引",否则"重则杀身,轻则黥窜化外"。

但宋朝是一个例外。

宋朝的户籍制度,依据居住地划分,居城者为"坊郭户",居乡者为"乡村户";又依据土地、资财等常产划分为主户和客户,有常产、承担税赋的为主户,无常产、不承担税赋的为客户。坊郭主户分为十等,乡村主户分为五等。除了少部分城市贫民,客户的主要构成者,是居住在乡村的无地农民,他们依靠租种别人的田地为生。与前代的佃农不同,除了少数落后地区如夔州路等之外,宋代客户与主户之间不存在人身依附关系。从史籍的记载来看,这一位于社会最底层的人群,最起码从宋仁宗天圣五年起,拥有了人身和迁徙自由的权利。《宋会要辑稿·食货》载:

> 天圣五年十一月诏江淮、两浙、荆湖、福建、广南州军:旧条私下分田客非时不得起移;如主人发遣,给与凭由,方许别往,多被主人抑勒,不放起移。自今后客户起移,更不取主人凭由,须每田收毕日,商量去住,各取稳便。即不得非时衷私起移,如是主人非理栏占,许经县论详。

人身和迁徙自由的权利对客户而言，至关重要。因为这意味着其有了选择权，东家不做西家做，为了留住客户，地主与地主之间不得不展开竞争，佃农在与地主谈判中的地位提升，可以获取比以往更多的收入，进而激发其生产积极性，促进农业生产力的增长。"富民召客为佃户，每岁未收获间，借贷赒给，无所不至，一失抚存，明年必去而之他。"（《宋会要辑稿·食货》）这一现象，是客户获得人身和迁徙自由之后的必然结果。

这不过是利之小者。如果放眼整个社会，其利更大。两宋时期，客户在全国人口的构成中举足轻重。漆侠估算，北宋时期，客户总体上占到全国人口的三成以上，南宋时比例更高，可能达到40%左右（《宋代经济史》）。这一庞大的人群获得自由迁徙的权利，为城市工商业的发展提供了源源不断的劳动力。从史籍的记录来看，迁徙自由带来了劳动人口的大流动。"古者乡田同井，人皆安土重迁……近世之民，轻去乡土，转徙四方，固不为患。而居作一年，即听附籍，比于古亦轻矣。"（《文献通考·刑考》）离土农民的首选，是进城经商、打工，大量的农村劳动力涌向了城市，涌向工商业——"今之农与古之农异，秋成之时，百逋丛身，解偿之余，储积无几。往往负贩、佣工，以谋朝夕之赢者，比比皆是也"（《鲁斋集·社仓利害书》）；"转客于市，佣力以食"（《东都事略·张永德传》）；"无田之人，多入城市开张店业"（《文献通考·兵考》）。南宋时的建康，"四方失所流徙之民，往往多聚于此，皆无作业"（《景定健康志·庐院》）。在这其中，采掘、冶炼行业吸纳的劳动力甚多。出产银、铜的湖南永兴矿场，"所集坑丁，皆四方浮浪之民"（《续资治通鉴长编》）；广东韶州的岑水铜矿，"聚浮浪至十余万，所收铜已患无本钱可买"(《续资治通鉴长编》);江西信州一带的铜、铅矿场,"常募集十余万人,昼夜采凿,得铜、铅数千万斤"(《宋会要辑稿·食货》)。

有地的农民也不会被束缚在土地上。《宋会要辑稿·食货》载,在湖南岳州,农民"自来兼作商旅,大半在外"。实际上,有地农民转业专事工商业也不是什么难事。宋代"不抑兼并",允许土地自由买卖。一个有地的农民,可以选择"断卖",将"田底"和"田面"一并卖出;也可以选择"典卖",保留"田底",将"田面"卖出。不论以何种方式,一旦卖出,卖主将不再承担田地的税赋,可以心无旁骛地进城经商或者打工。

可以这么说,没有自由迁徙的权利,就没有农村劳动力人口大量向工商业和城镇转移,也就没有宋代工商业的蓬勃发展与城市的勃兴。

必须同时提及的另外一点是,在宋代,历来被视为"贱民"、编入"市籍"的商人阶层,其社会形象和地位得到了极大的改善和提升。隋朝首开科举,但"工商不得进仕"(《隋书卷·帝纪·高祖》),唐朝一脉相承:"工商杂类,不得预于士伍。"(旧唐书·百官志》)宋朝则打破了这一禁锢。淳化三年,宋太宗诏令:"国家开贡举之门,广搜罗之路……如工商杂类人等有奇才异行、卓然不群者,亦并解送。"(《宋会要辑稿·选举》)由此打开了商人通过科举进入士大夫阶层的通路。

宋代商人升入士大夫阶层的途径大抵有三。其一是科举。富豪之家以其财富为基础,为后代子弟提供良好的教育,最终金榜题名,实现阶层的上升流动;其二是联姻。商人与现任官员、宗室、士人阶层联姻,进而提升家族的阶层。在这其中,新科进士最受富商大贾的青睐。宋人笔记《萍洲可谈》记录了"科榜下捉女婿"的有趣一幕:"本朝贵人选婿于科场,年择过省士人,不问阴阳吉凶及其家世,谓之'榜下捉婿'。亦有绐钱,谓系捉钱,盖与婿为京索之费。近岁富商庸俗与厚藏者嫁女,亦于榜下捉婿,以饵士人,使之俯就,一婿至千余缗。"其三是捐纳。即花钱买官也。

苏辙说:"凡今农工商贾之家,未有不舍其旧而为士者也。"(《栾城集》)是的,宋代社会是开放的。职业是开放的,农民可以转业为工、为商;城市是开放的,打开大门接纳"四方失所流徙之民";阶层是开放的,士农工商之间的流动非常普遍,有农、工、商贾之家跻身于士大夫阶层,也有士大夫尤其是其中的下层转而经商的。这样的开放,在古代中国,是空前的,也是绝后的。宋之后的元、明、清三朝,均不能望其项背。譬如说,明朝开国之后,除了严禁人口迁徙之外,还制定了职业世袭制度——"凡军、民、医、匠、阴阳诸色户,许各以原报抄籍为定,不许妄行变乱,违者治罪,仍从原籍"(《大明会典》),一步退回至"士之子恒为士""工之子恒为工""商之子恒为商""农之子恒为农"的春秋齐桓公时代。

历史的进程,并不总是一路向前的。

市场管制的瓦解与废除

宋代之前,古代中国的城市规划和布局,是居住区和商业区分别设立,严格区分的。学界名之以"坊市制"。"坊"(先秦、秦汉时期称之为"里","阊"或"阊里","坊"之称谓始于北魏），是居住之地，是住人的；"市"，是买卖之所，是买卖物品的。两者井水不犯河水，坊内不能开店，市内不准住人。住在"坊"内的人们想要买东西，必须走到"市"区去购买。《史记·孟尝君列传》中，冯谖规劝孟尝君不要羞辱那些势利的门客时，就举了一个"市"的例子："君独不见夫趣市朝者乎？明旦，侧肩争门而入；日暮之后，过市朝者掉臂而不顾。非好朝而恶暮，所期物忘（亡）其中。"显示着其时"市"的买卖颇为兴旺，一大清早便有很多人等着市场开门。

从市场交易的角度看，"坊市制"对市场的管制显而易见。首先是空间的限制。买卖双方的交易必须在官府指定的地点即"市"内进行，而不允许发生于"市"外的其他区域。譬如说，唐代的长安城内，有"东市"和"西市"两大交易市场，这是人们买卖东西的地方。其次是时间的限制。"市"不是全天开放的，其开启和关闭有严格时间限制。在唐代，"凡市，以日午击鼓三百声，而众以会；日入前七刻，击钲三百声，而众以散"（《唐六典》），每天的交易时间仅为正午至傍晚的半个白天。市场管理人员如果不按照时间规定擅自开闭，会受到法律的惩处。第三，市场内交易物品的价格，也会不时地受到政府的管制。《唐律疏议》载，"每月，旬别三等估"；"平货物为三等之值，十日为簿"。这是说，每过十天评估一次市场上交易的商品价格，按质量高下分为三等分别定价，高质高价低质低价，一一登记在案，作为市场交易的价格。

上述以唐代为例，是因为"坊市制"发展至唐初而进入全盛时期，是上佳的典型了。其时长安城内，计有108"坊"及东西两"市"，以中央南北大街为中轴线，形成了"坊""市"相互对称的棋盘式格局。白居易《登观音台望城》有句云:"百千家似围棋局,十二街如种菜畦",正是坊市制下整齐划一的长安城的生动写照。盛极则衰。唐代中后期,在生产力的冲击下,对人们生产、生活有着种种限制的"坊市制"渐益松动和瓦解。到得宋朝,"坊市制"彻底退出历史舞台。从《东京梦华录》的记载来看,北宋末年,汴京城内,对市场交易的空间、时间限制和价格管制早已不复存在,大街小巷满布着各式店铺和酒肆,营业时间从早至晚,夜市也极为发达,往往"直至三更",通宵达旦亦不罕见。如"马行街铺席"一节云:

> ……处处拥门,各有茶坊酒店,勾肆饮食。市井经纪之家,往往只于市店旋买饮食,不置家蔬。北食则矾楼前李四家、段家爊物、石逢巴子,南食则寺桥金家、九曲子周家,最为屈指。夜市直至三更尽,才五更又复开张。如要闹去处,通晓不绝。

又如"酒楼"一节云:

> ……大抵诸酒肆瓦市,不以风雨寒暑,白昼通夜,骈阗如此。州东宋门外仁和店、姜店,州西宜城楼、药张四店、班楼,金梁桥下刘楼,曹门蛮王家、乳酪张家,州北八仙楼,戴楼门张八家园宅正店,郑门河王家、李七家正店,景灵宫东墙长庆楼。在京正店七十二户,此外不能遍数,其余皆谓之"脚店"。

"坊市制"实行于城市尤其是大城市,废除"坊市制",意味着宋朝废除了城市内的市场交易管制。对城市之外的郊区和乡村地区自发兴起的市场——"草市"或称"墟市",宋廷则大抵放任其自由发展，不加干预，有时甚至加以鼓励和扶持。《续资治通鉴长编》载，宋神宗熙宁十年诏令戒泸州沿边地区，凡是距离州县太远或者当地百姓买不到食用盐、茶、农具的地方，可以"兴置草市，招集人户住坐作业"。"草市"经过发展，交易繁盛，规模不断扩大，则会上升为"镇市"。宋代设镇的标准有二，其一是人口，其一是税收。乡间的草市发达之后，如果人口和税收达到标准，便会设立为镇。"民聚不成县而有税，则为镇，或以官监之"（《事物纪原·州郡方域部》），表明有宋一代，镇是县以下的一级政府机构。据漆侠研究，镇市自北宋初年以来即不断发展，到元丰年间全国镇市有一千八百七十个之多，在宋代经济发展中占有重要地位（《宋代经济史》）。城市近郊的草市，则往往会发展成为商业都市。譬如说，南宋初期的鄂州是江防重地，城市规模不大，但城外的南市发展壮大之后，俨然成为繁华的大都市了。陆游在《入蜀记》中写道："（鄂州）市区雄富，列肆繁错，城外南市亦数里，虽钱塘建康不能过，隐然一大都会也。"

　　草市、镇市和城市三个不同层面的市场，相互串联互为交织，形成了网络状的庞大的市场体系，从而将从农村到城市的人们一一纳入其中。方回在《续古今考》记录了目睹的一幕："予见佃户携米或一斗，或五七三四升，至其肆，易香烛、纸马、油、盐、酱、醯、浆粉、麸面、椒、姜、药饵之属不一，皆以米准之，整日得数十石；每一百石，舟运至杭，至秀，至南浔，至姑苏，粜钱复买物归售。"一个生活在"吴侬之野"的佃农，通过交易和杭州、苏州这样的大城市联系在一起，成为市场的一分子。于此一小例亦可见其时民间交易之活跃，市场辐射范围之大，于百姓日常生活影响之深。

唐末藩镇和五代十国割据时期,征商政策各行其是,横征暴敛,商人不胜苛扰之苦。宋朝开国之后,制定了统一的商税征收条例,以约束和规范各地的征收行为。建隆元年即建国第一年,宋太祖便发布诏令:"所在不得苛留行旅,赍装非有货币当算者,无得发篋搜索。"(《文献通考·征榷考》)淳化五年,宋太宗诏令颁布"商税则例",免除小商贩的税收,应税货物的名目和税率,则一律公开,在各地官府张榜公布——"自今除商旅货币外,其贩夫贩妇细碎交易,并不得收其算;当算各物,令有司件拆揭榜,颁行天下。揭于板榜,置官宇之屋壁,以遵守焉。"(《宋会要辑稿·食货》)将应税货物名目与税率之信息公开,对官府征收行为加以规范,大幅降低了经商者面对的包括讯息费用在内的交易费用,其之利于商品流通和商业发展不言而喻。

开放边境与海外贸易

宋代对国际贸易之热衷,亦为其他朝代所难以企及。

宋朝与周边的辽、西夏、金等国,时常兵戎相见,然一旦硝烟散去,贸易随即复兴。宋朝开国之后,便与契丹辽国开展官方的边境贸易。宋太宗太平兴国二年,在镇、易、雄、霸、沧州等地"各置榷务","辇香药、犀、象及茶与交易"。澶渊之盟后,宋辽修好,贸易更为兴盛,"终仁宗、英宗之世,契丹固守盟好,互市不绝"(《宋史·食货志》)。宋朝向辽国出口的,主要是香药、犀角、象牙、茶、棉、瓷器、漆器等物品,其中香药、犀角、象牙是舶来品,显然是与海外诸国贸易后转卖给辽国的。辽国向宋朝出口的,主要是银钱、布、羊、马、骆驼、湖盐等。

北宋与西夏的贸易,双方交换的物品,在边境官方指定的交易场所,是"以缯、帛、罗、绮易驼、马、牛羊、玉、毡毯、甘草;以香药、瓷漆器、姜、桂等物易蜜蜡、麝脐、毛褐、羱羚角、碙砂、柴胡、苁蓉、红花、翎毛"。又允许"非官市者听与民交易,入贡至京者纵其为市"(《宋史·食货志》),生意从边境做到京城了。

南宋与女真金国的边境贸易,也是在官方设定的"榷场"进行。"榷场"除了官方交易之外,也允许民间商人参与其中,当然,官方是要从中收税的——"每交易,千钱各收五厘息钱入官。"(《建炎以来系年要录》)

两宋与西北、西南诸族的贸易,主要是以茶换马。茶马生意几乎贯穿了宋朝三百余年间。

海外贸易在唐代时便已繁盛,至宋朝更见光大。与两宋通商的海外国家有50多个,遍及西太平洋、印度洋和波斯湾。因为海外贸易的繁盛,一些重要的港口城市兴起,知名的有广州、泉州、杭州、明州和板桥镇。沿袭唐代的政策,宋朝在这些重要的港口设立了管理机构——市舶司。作为对外贸易的管理机构,市舶司的职责,是"掌蕃货海舶征榷贸易之事,以来远人、通远物"(《宋史·职官志》)。"来远人、通远物",说得很清楚,宋廷对各国商人前来经商是持欢迎和鼓励态度的。在这些港口城市,大抵设有外国商人聚居的"蕃坊"。蕃坊"置蕃长一人,管勾蕃坊公事,专切招邀蕃商入贡,用蕃官为之。巾袍履笏如华人。蕃人有罪,诣广州鞫实,送蕃坊行遣"(《萍州可谈》)。能够"招邀蕃商入贡"的外商,宋廷往往会授予官职。

宋廷之所以热衷于推动边境与海外贸易,是因为对外贸易之所得,乃是国家财政收入的重要来源。以海外贸易为例。《宋史·食货志》载,宋太宗淳化二年,香药、犀角、象牙等舶来品"岁约获五十余万斤、条、株、颗"。宋仁宗皇祐年间,"总岁入象、犀、珠、玉、香药之类,其数五十三万有余"。至宋英宗治平年间,"又增十万"。南宋绍兴年间,市舶司的"抽解与和买岁计之约得二百万缗"(《文献通考·市籴考》)。对此,宋高宗赵构直言不讳:"市舶之利最厚,若措置得当,所得动以百万计,岂不胜取之于民?"又说"市舶之利,颇助国用,宜循旧法,以招徕远人,阜通货贿"(《宋会要辑稿·职官》)。

与边境和海外贸易的繁盛相伴而来的,是宋朝发行的铜钱,被各国所认可和接受,成为名副其实的"世界货币"。"钱乃中国宝货,今乃与四夷共用。"(《论钱禁铜法事》)元祐四年,苏辙出使辽国,看到宋朝的铜钱通行于契丹境内:"北界别无钱币,公私交易,并使本朝铜钱。沿边禁钱条法虽极深重,而利之所在,势无由止。本朝每岁铸钱以百万计,而所在常患钱少,盖散入四夷,势当尔也。"(《论北朝所见于朝廷不便事》)各国甚至将宋朝铜钱视为"镇国之宝"——"蕃夷得中国钱,分库储藏,以为镇国之宝,固入蕃者,非铜钱不往,而蕃货也非铜钱不售。"(《宋会要辑稿·刑法》)为了获得宋朝的铜钱,这些国家使出了各式各样的招数。南宋晚期包恢在《禁铜钱申省状》中提到了一个非常夸张的例子,日本商人低价甩卖货物以换取铜钱,结果导致整个台州城内一时间找不到一文铜钱:

盖倭船自离其国，渡海而来，或到庆元之前，预先过温台之境，摊泊海涯。富豪之民公然与之交易。倭所酷好者铜钱，而止海上；民户所贪嗜者，倭船多有珍奇，凡值一百贯文者，止可十贯文得之；凡值一千贯文者，止可百贯文得之。似此之类，奸民安得不乐与之为市。及倭船离四明之后，又或未及归其本国，博易尚有余货，又复回旋于温台之境，低价贱卖，交易如故。所以今年之春，台城一日之间，忽绝无一文小钱在市行用。

经济增长之源：市场的扩大与分工的深化

或者要问，此四者，即私有产权的尊重与维护、劳动力人口的自由迁徙、市场管制的瓦解与废除以及边境与海外贸易的积极推进，是如何促成宋代的经济奇迹的？这是问，其内在的理论逻辑是什么？

回答是这样的：

人类生活的真实世界，绝大多数资源是稀缺的。所谓稀缺，不单是指数量有限，而是相对于人的需求，资源的供应是缺乏的，不足够的。资源稀缺，人又多，僧多粥少，人与人之间的竞争于是乎不可避免。凡有社会（多过一人），必有竞争，无地无之，无时无之。这是经济学对竞争的看法。

不言而喻，人与人之间的竞争，必然会带来冲突，为了解决人与人之间的竞争及其带来的冲突，人类发明了各式各样的制度安排。制度安排的主要用途,就是约束人们的竞争行为。不同的制度安排下,有不同的决定胜负的竞争准则,人们的行为也会随之不同。譬如说,在市场上,决定胜负的准则是市价,价高者得,善于生产和经营的人群会获胜,因此会激励人们努力生产,致力于创新,推出各类新产品或者新的经营手法;如果论资排辈,以年龄和资历来决定胜负,年纪大者获胜,就会鼓励人们虚度时光而亟待老来的意向;弱肉强食的社会,以武力定胜负,力气大武器装备精良者获胜,则会鼓励人们崇尚习武和投资于武器。这里提到的市场、论资排辈、弱肉强食,都是制度安排之一种。

人类社会的制度安排多种多样,市场只是其中的一种。这是一种非常特别的制度安排。市场是交换之场所,决定胜负的竞争准则是市价。你要拿出一些有价值的物品来换取别的一些物品,交换的比率即是市价。说市场是一个特别的制度,是因为在这个制度下,你要换取别的物品,首先必须有产出,也即是对社会有贡献。所谓市场交易,就是你以自己对社会的贡献换取别人对社会的贡献。因此,这种竞争行为不会带来租值消散(浪费)。在人类所有决定胜负的竞争准则中,唯一不会带来租值消散的,是市价决定胜负的竞争准则。

这一特别的竞争准则——市价决定胜负对经济增长至关重要,因为其是唯一不会导致租值消散的竞争准则。在社会的所有经济活动中,通过"市价决定胜负"的经济活动只是一小部分,如果能够增加或者扩大"以市价决定胜负"的经济活动,经济将迎来高速增长。张五常在《经济解释》中写道:"只要社会交易费用略微减少,增加一点以市价为竞争准则的经济活动,在国民收入中租值消散会大幅下降,经济增长可以一日千里。"此之谓也。

但市价的采用,首先要有市场。也即是说,唯有市场出现,才会有市价决定胜负的竞争准则的出现。那么,市场如何才会出现呢?罗纳德·科斯在其《联邦传播委员会》一文中写得清楚:"权利有清楚的界定是市场交易的先决条件。"这是说,私有产权是市场出现的前提。

以此观照宋代之经济发展,则豁然开朗。人类最重要的资源是两类:其一是土地;其一是人力(体力和智力)。在宋代,土地可以自由买卖,劳动力可以自由迁徙,表明这两类资源的权利界定清楚,社会自上而下对私有产权的尊重与维护,促成了市场的自发兴起;包括交易空间、时间以及价格管制在内的各式市场管制的瓦解与废除,则为市场的扩张扫清了障碍,进而在国内形成了草市——镇市——城市不同层面的市场体系;边境与海外贸易的积极推进,则更将市场范围扩展至更为广阔的世界。换言之,自宋朝开国之后,因为做对了以上事项,市场范围得以持续扩大,"以市价决定胜负"的经济活动得以不断地增加,由此带来了经济的繁荣。

市场覆盖的经济活动之增加是宋代经济增长的原因之一。另一个重要原因,是市场范围的扩大带来的社会经济分工的深化。亚当·斯密在其巨著《国富论》中,一上来便列举了一个制针的小工厂:只雇佣10个工人,分工合作,每天却能生产出12磅针。以每磅有4000枚计,这10个工人每天可生产48000枚,平均下来一人一天可生产4800枚针。亚当·斯密说,如果一个没有受过训练的人独立工作,一天不能制作出20枚,甚至可能连一天一枚也造不出来——"他们不但不能制出今日由适当分工合作而制成的数量的二百四十分之一,就连这数量的四千八百分之一,恐怕也制造不出来。"亚当·斯密以这个小小的例子说明了一个极为重要的理念:分工合作会带来产量的暴增,这是国民财富增长的重要源泉。宋代社会的经济分工,在市场范围扩张的带动之下,也日益细化和精深。前面说过,隋唐时工商业只有220行,至南宋时已多达414行。北宋官员苏颂在汴京城雇用一婢女时,"问其家何为?云:住曹门外,惟锥石莲。问一家几人,各为何?云:十口皆然,无他业。盖夏末梁山泊诸道载莲子百余车,皆投此巷锥取莲肉,货于果子行"(《丞相魏公谈训》)。一家十口糊口的活计,仅仅是以针去莲芯,分工之细,令人叹为观止。没有足够广阔的市场,这一细微的分工是不会出现的。

一语以结论之,对私有产权的尊重与维护,市场得以兴起;劳动力人口的自由流动,国内市场管制的瓦解与废除以及边境与海外贸易的积极推进,令市场普覆的范围日益扩展。这一面使得"以市价决定胜负"的经济活动大幅增加,一面带来了社会经济分工不断深化而产出暴增,双管齐下,将宋代推上了古代中国经济发展的巅峰。

"炼金士的神秘手段":元代为什么全面推行纸币?

十 "炼金士的神秘手段"：元代为什么全面推行纸币？

《马可·波罗游记》的第二卷，是"忽必烈大汗和他的宫廷西南行程中各省区的见闻录"，其中记载了令这位意大利商人非常惊奇的一桩事情，那便是，"大汗发行的一种纸币通行于全国上下"：

> 汗八里城中，有一个大汗的造币厂，大汗用下列的程序生产货币，真可以说是具有炼金士的神秘手段。
>
> 大汗令人将桑树——它的叶可用于养蚕——的皮剥下来，取出外皮与树之间的一层薄薄的内皮，然后将内皮浸在水内，随后再把它放入石臼中捣碎，弄成浆糊制成纸，实际上就像用棉花制的纸一样，不过是黑的。待使用时，就把它截成大小不一的薄片儿，近似正方形，但要略长一点。最小的薄片当作半个图洛使用，略大一点的当作一个威尼斯银币，其他的当作二个、五个和十个银币，还有的作为一个、二个、三个以至十个金币。这种纸币的制造，它的形状与工序和制造真正的纯金或纯银币一样，是十分郑重的。因为，有许多特别任命的官员，不仅在每张纸币上签名，而且还要盖章。当他们全体依次办过这些手续后，大汗任命的一个总管将他保管的御印先在银

中浸蘸一下，然后盖在纸币上，于是印的形态就留在了纸上。经过这么多手续后，纸币取得了通用货币的权力，所有制造伪币的行为，都要受到严厉的惩罚。

这种纸币大批制造后，便流行在大汗所属的国土各处，没有人敢冒生命的危险，拒绝支付使用。所有百姓都毫不迟疑地认可了这种纸币，他们可以用它购买他们所需的商品，如珍珠、宝石、金银等。总之，用这种纸币可以买到任何物品。

每年总有好几次，庞大的骆驼商队载运刚才所说的各种物品和金丝织物，来到大汗都城。于是大汗召集十二个有经验和精明的人，令他们小心选择货物并确定购买的价格。大汗就在这个公平的价格上再加上一个合理的利润额，并用这种纸币来付账。商人对于这种货币，不能拒收，因为大家都看到它能起到货币支付的作用，即使他们是别国的人，这种纸币不能通用，他们也可将它换成适合他们自己市场的其他商品。

无论是谁，如果收到的纸币因为长期使用而损坏了，都可拿到造币厂，只需要支付百分之三的费用，就可以换取新币。如果谁想要用金银来制造东西，如制造酒杯、腰带或其他物品时，也同样可以持币前往造币厂，换取金银条。

大汗的所有军队都用这种纸币发饷，他们认为它与金银等值。

起于草原的蒙古人以不世武功打下了一个横跨欧亚大陆的大帝国，"舆图之广，历古所无"，但这个游牧民族经济文化落后，与城市勃兴的宋朝根本不在一个层面上。元之代宋而兴，是"落后文明征服先进文明"之典型一例。两种文明的落差,于以下一则故事中一览而尽。《元史·耶律楚材传》载,元太宗窝阔台继承汗位后,蒙古大臣别迭等人认为"汉人无补于国",建议将其全部驱杀,并毁坏中原的城市与耕地以转为牧场之用。耶律楚材极力反对。他对窝阔台说,在中原地区维持原来的农业和手工业生产,征收田租、商税以及酒醋盐铁等专卖之利,一年可得银五十万两、帛八万匹、粟四十余万石,"何谓无补哉?"窝阔台遂让他负责试行。耶律楚材在燕京等十路设置征收课税使,正副课税使均由儒生担任。第二年秋天,燕京等十路将征收上来的银、帛和粟的账簿进呈于窝阔台,果如耶律楚材所言。窝阔台大喜,当日便任命耶律楚材为中书令,从此"事无巨细,皆先白之"。

有趣的是,由"落后文明"的游牧民族建立的元朝,却有着极为"先进"的货币制度,即马可·波罗所看到的,"大汗发行的一种纸币通行于全国上下"。和现代社会一样,元朝是一个全面推行纸币的朝代。除了元末,在大部分时期内,元代禁止在市场上使用铜钱等金属货币,纸币是唯一的流通货币。实际上,元代的全面纸币化的货币制度,不仅是古代中国的绝唱,也是人类历史上的首创。

纸币不是元朝的发明。纸币最早出现于北宋前期,其时四川为边境地区,为防止铜钱外流,宋廷在该地行用铁钱。铁钱分量重而币值小,交易非常不便。出于便利贸易的考量,成都的16家富豪联手推出了一种名为"交子"的纸币来替代铁钱。随着业务的扩大,铁钱储备不足,"交子"无法足额兑换,导致纠纷四起,最终被官府叫停。宋仁宗天圣元年,宋廷在成都设立益州交子务,发行纸币的权力由此收归政府。宋朝的纸币发行是有使用期限的,北宋时期大抵为两年一"版",即每两年以旧换新,新交子发行后,旧交子随即废除,不再流通。其后逐渐将使用期限延长,最终不再立限,可永久使用。金朝最初没有货币,以物易物,后采用辽、宋旧钱。海陵王贞元二年迁都之后,仿宋朝的交子之法印制了自己的纸币——交钞。交钞分大钞、小钞两种:大钞面额有一贯、二贯、三贯、五贯、十贯五等;小钞面额有一百文、二百文、三百文、五百文、七百文五等。交钞使用期限初定为七年,后又取消年限限制。宋、金在纸币发行上的实践,"殷鉴不远",为元朝全面推行纸币提供了宝贵的经验。

宋、金虽然发行纸币,但两朝钱、钞并用,铜钱与纸币同时流通。元朝在此基础上再向前迈了一大步,将纸币定为唯一流通的法定货币,全面推行纸币。那么,为什么元朝全面采用纸币制度?以余观之,其因大抵有三。三者的合并,促成了元朝的全面纸币化。

没有铜,铜钱的铸造便是"无米之炊",铜产量直接决定着铸钱业的兴衰。在古代中国,有宋一代,铜钱的铸造量和流通量是最多的,原因就在于其时冶铜业得到了空前的发展。宋朝铜产量的最高峰出现在宋神宗元丰年间,与之对应,这一时期也是铸钱数量的顶峰。不过,从地理布局来看,铜矿资源主要集中于南方,北方的铜产出微不足道。漆侠所著《宋代经济史》云:"如果以元丰元年铜课一千四百六十万五千九百六十九斤分别统计,北方诸路仅一万五千四百一十一斤,占总额百分之零点一,而南方诸路高达一千四百五十九万八千五百九十八斤,占总额的百分之九十九点九。"因为中国北方缺乏铜矿资源,代辽而兴的金国在开国四十余年后,

"始议鼓铸"。《金史·食货志》载,金海陵王正隆三年,在中都、京兆设置钱监铸造"正隆通宝",是为金朝铸钱之始。然而,因为铜资源匮乏,铸钱成本极高,得不偿失。譬如说,代州、曲阳二监,"岁铸钱十四万余贯,而岁所费乃至八十余万贯",成本超过收入五倍,最终不得不将这两地钱监撤销!蒙古国征服金国而入主北方中国,其面对的资源局限与金国并无二致,如果选择以铜钱为流通货币,铸造成本既高,供应量又不足以满足经济发展对货币流通的需求,弃之为上也。此其一。

在中统元年之前,蒙古国曾在若干地区试行过纸币制度。譬如说,元太祖末年,博州以丝为锚发行纸币,"权行一方,民获贸迁之利"(《元史·何实传》);元太宗八年,也曾诏令发行交钞,并采纳耶律楚材的建议,鉴于金朝滥发货币带来严重通货膨胀的教训,设定发行总额不超过万锭。元世祖忽必烈即位当年,开始尝试在全国范围内大规模发行纸币。中统元年七月,以丝为锚发行交钞(丝钞),同年十月,以银为锚发行中统元宝钞(中统钞)。中统钞是元朝流通时间最长的一种纸币,其面额有10文、20文、30文、50文、100文、200文、300文、一贯文、两贯文十等,法定每两贯中统钞兑换白银一两。中统钞在发行初期,严格控制发行量,发行多少钞票,国库里便对应存放多少银两。任何人持银易钞或持钞易银,除了每贯收取工墨费30文之外,如数兑换,不得克扣迟滞。中统钞发行初期的十余年间,尤其是在灭宋之前,年发行额少者二万余锭,多则十多万锭,因此中统钞币值稳定,广受百姓欢迎,民间甚至出现了"视钞重于金银"的现象。《元史新编·食货志》对这一时期的纸币发行的实践,有很形象的描述:"中统建元,……印造中统元宝,日夜战战兢兢,如捧破釜,惟恐失坠。行之十七八年,钞法无稍低昂。"这一成功的实践,无疑给了元朝统治者以极大信心,因此,在至元十三年征服南宋之后,即便获得了南方的铜矿资源,依然禁止铜钱流通,全面推行纸币。毕竟,从货币发行成本来看,铸造铜钱的成本远高于纸币的印造成本。恰如至元二十三年朝廷讨论"更钞用钱"时,礼部尚书刘宣所说的那样,货币出现问题,不在于货币的材质,如果不尊重货币流通的规律,意在敛财,则即便铸造铜钱亦是枉然,更何况铸钱人力物力费用不菲——"国朝废钱已久,一旦行之,功费不赀,非为远计。大抵利民权物,其要自不妄用始,若欲济丘壑之用,非惟铸造不敷,抑亦不久自弊矣。"(《元史·刘宣传》)此其二。

虽然禁止铜钱在市场上流通,但这并不意味着元朝不铸造铜钱,也不使用铜钱。实际上,有元一代,从官府到寺院铸造了大量的铜钱。但是,这些铜钱并不流通于市,其有一个特别的用处:"历朝并铸铜钱,盖以备布施佛寺之用,非民间通用也。"(《新元史·食货》)这是说,铜钱是专门供信徒布施于神庙,用来敬神礼佛、祈求神佑之用的,因而唤作"供养钱"。这一幕的出现,很显然,源起于元朝尊崇佛教的意识形态。元朝的宗教政策颇为宽容,佛教、道教、基督教、伊斯兰教、摩尼教等多种宗教并行于世,最有影响的是佛教和道教,尤以佛教为盛。佛教中势力最大的是从吐蕃传入的喇嘛教,其领袖在元代历朝一直被尊奉为帝师。"百年之间,朝廷所以敬礼而尊信之者,无所不用其至。虽帝后妃主,皆因受戒而为之膜拜。"(《元史·释老传》)在这一意识形态的局限下,元朝的统治者以币材的贵贱将货币之用途一分为二:铜钱用于神界,纸币则通用于人间。此其三。

  作为金属的铜资源有限,以之铸造钱币,对货币供应量有着天然的约束,一旦转为发行纸币,则如脱缰野马,当局者很难抵制扩大货币发行的诱惑,尤其是在财政困难的时候。纸币超发带来的恶性通货膨胀,宋、金、元三朝无一幸免。南宋末年,"楮币轻如毛""市井视之,粪土不如""行旅持券,有终日不获一钱一物者";金朝末年,"至以万贯易一饼"。元亦重蹈覆辙。连绵不断的对外战争和无节制的赏赐犒劳带来了巨大的财政压力,推动着纸币发行泛滥成灾,终至于"每日印造,不可数计,舟车装运,轴舻相接,交料之散满人间者,无处无之。……京师料钞十锭,易斗粟不可得。既而所在郡县,皆以物货相贸易,公私所积之钞,遂俱不行,人视之若弊楮。"(《元史·食货》)

  后果当然很严重。元末无名氏所作《醉太平·堂堂大元》云:"堂堂大元,奸佞专权。开河变钞祸根源,惹红巾万千……"从这一小令可知,当时的人们便已认定,严重的通货膨胀是元朝灭亡的根源之一。

十一

利玛窦的疑惑:明代漕运为什么没有选择海运?

十一　利玛窦的疑惑：明代漕运为什么没有选择海运？

　　万历二十六年，意大利传教士利玛窦第一次进京。他从南京启程，乘坐政府经营的"马快船"由长江而入大运河，一路北上。此番长途旅行的所见所闻，令其对这条贯穿南北的水运干线印象深刻。他听说，运河上下有上万条船穿梭往来，来自长江的私人商船禁止进入，以保证给皇帝运粮的船只能够顺畅通行；他看到，往来的船只是如此之多，以致经常相互拥堵而在运输中损失许多时日，特别是在水浅的时候；运河中设置了很多水闸，当水位升到最高时，才开闸放船，借助水流运行，从一个水闸到另一个水闸，等待造成冗长无味的耽搁；有时候闸的出入口波涛翻涌，导致船只倾翻，水手全部淹死；运河中很少有足够的风力，因此需要从岸上用绳纤拉船前行。耳闻目睹之下，他发出了这样的议论："维持这些运河，主要在于使它们能够通航的费用，如一位数学家说，每年达到一百万。所有这些对欧洲人来说似乎都是非常奇怪的，他们可以从地图上判断，人们可以采取一条既近而花费又少的从海上到北京的路线。这可能确实是真的，害怕海洋和侵扰海岸的强盗，在中国人的心里是如此根深蒂固，以致他们认为从海路向朝廷运送供应品会危险得多。"（《利玛窦中国札记》）

利玛窦的议论带出了一个真切的问题：通过水路运送粮食等大宗物资（车运曰转，水运曰漕，故称漕运），海运的成本或者费用远低于河运（内陆河道），明代漕运为什么偏偏舍海运而取河运，选择了一种更高成本的运输方式？

元朝的实践：海运成本低

"从地图上判断，人们可以采取一条既近而花费又少的从海上到北京的路线。"说得很清楚，利玛窦的判断和结论，是基于地图而得出的，是"纸上谈兵"。那么，他的这一判断——海运的成本比河运低究竟准不准确，是臆想，还是事实？

这一问题并不难回答，因为历史曾经给出过答案。明朝的"前朝"——元朝海运发达，其漕运以海运为主，河运为辅。

元朝建都于燕（北京），人口众多，"无不仰给于江南"，每年需要从江南地区运输大量粮食北上。《元史·食货志》记载说，元代的漕运，最初也是走运河，但河道时常淤塞，且途中需要水陆转运，劳民伤财，"卒无成效"。至元十九年，元世祖忽必烈听取丞相伯颜的建议，起用海盗出身的朱清、张瑄等人，建造平底海船六十艘，将四万六千余石粮食从海道试运至京师。虽然因为风信失时，这批粮食第二年才送达，除去损耗，最终到达京城的粮食为四万二千一百七十二石，数量也并不多，但元代之海运实始于此。

从四万六千余石起步，元代海运粮食数量渐次增加，年度运粮纪录不断攀升。世祖至元二十七年，岁运一百五十九万五千石，至者一百五十一万三千八百五十六石;成宗大德九年,岁运一百八十四万三千三石,至者一百七十九万五千三百四十七石;武宗至大三年,岁运二百九十二万六千五百三十三石,至者二百七十一万六千九百十三石;仁宗延祐七年,岁运三百二十六万四千六石,至者三百二十四万七千九百二十八石;英宗至治元年,岁运三百二十六万九千四百五十一石,至者三百二十三万八千七百六十五石;泰定帝泰定三年,岁运三百三十七万五千七百八十四石,至者三百三十五万一千三百六十二石;文宗天历二年,岁运三百五十二万二千一百六十三石,至者三百三十四万三百六石。

为节省时间和降低风险,元代先后开辟了三条海上航道。第一条航道是从刘家港起航,经崇明入海,历万里长滩,沿海岸航行至成山,入渤海,沿海河航行至杨村码头。这条航道长达13350里,航期需两月余。时在至元十九年至二十八年。至元二十九年,朱清等人认为第一条航道"险恶",遂开辟了第二条航道,在万里长滩至成山之间取远洋航行,路线较为径直,大大缩短了航行时间,顺风半个月即可完成行程。至元三十年,又开辟了一条新航线,即从崇明直接东行入黑水洋,取远洋航行,再次缩短了航行时间,顺风十日即可驶达目的地。

开辟海运航线的同时,元廷也并未放弃河运路线。至元十八年至二十年,开凿从济州西北至须城安山的济州河;至元二十六年,开凿须城安山至临清的会通河,大运河南北航线至此全线贯通。至元二十八年,又开凿了大都至通州的通惠河,使得北上的漕运船只能够直抵京城。经过一系列的开凿工程,元代的大运河南起杭州,北至大都,全长三千多里,沟通海河、黄河、淮河、长江、钱塘江五大水系，成为南北交通最重要的内陆河道。

  元代漕运，既有海运，又有河运，这就为后人提供了极为难得的观察两种运输方式之成本高低的史实。漕运成本的高低主要体现于两方面：其一是损耗，其一是运费。先看损耗。根据《元史·食货志》的记载，海运的损耗，最低的一年，是仁宗延祐七年，损耗率为0.5%（岁运三百二十六万四千六石，至者三百二十四万七千九百二十八石）；最高的一年，是世祖至元二十年，损耗率为8.4%（岁运四万六千五十石，至者四万二千一百七十二石）。河运的损耗，没有如此翔实的记载，但从至元五年御史王恽弹劾都水刘晸利用治水导河之便盗用、失陷官粮，指出当年"未到仓粮一十五万余石，除已失陷外，八万九千余石至今不知运纳所在"（《弹漕司失陷官粮事状》）的情况来看，河运的损耗远在海运之上。再看运费。大德五年规定，内河运输每1000斤货物100里的"脚价"（运费）为"江南、腹里河道水脚，上水八钱，下水七钱；江、淮、黄河，上水一两，下水七钱"（《新元史·食货志》）。海运的"脚价"不计运输里程，按每石计，至元二十一年，运费为中统钞八两五钱，其后递减至六两五钱；至大三年，福建、浙东船户的运费上调到至元钞一两六钱（合中统钞八两）；延祐元年再次上调，"福建船运糙粳米每石一十三两，温、台、庆元船运糙粳、香糯每石一十一两五钱，绍兴、浙西船每石一十一两，白粳价同，稻谷每石八两"（《元史·食货志》）。从这"脚价"的标准看，将同等重量的粮食从江南运送至京城，河运的运费要比海运高。

  《元史》的作者宋濂、王祎等人对元朝开辟海运航线赞赏有加，认为海运"民无挽输之劳，国有储蓄之富"，实乃"一代之良法"，其中的关键,便是海运的成本较河运为低。因为即便"风涛不测,粮船漂溺者无岁无之,间亦有船坏而弃其米者。……然视河漕之费,则其所得盖多矣"(《元史·食货志》)。明代弘治年间,礼部尚书丘濬建言朝廷"河海并运",恢复海运航线,也着重强调了海运的低成本:"自古漕运所从之道有三:曰陆、曰河、曰海,陆运以车,水运以舟,而皆资乎人力,所运有多寡,所费有繁省,河漕视陆运之费省十三四,海运视陆运之费省十七八。"(《大学衍义补·漕挽之宜》)

明代"海运"之议无果而终

明朝开国之后,因为战事的需要,并未立即废除海运。《明太祖实录》载,明太祖朱元璋用兵辽东,"造海舟漕运北征粮饷",通过海路向辽东地区提供后勤支持和保障。洪武三十年,由于辽东地区屯田效果显著,自给有余,遂"罢海运"。不过,明成祖朱棣即位之后,随即重启海运——永乐元年,"命平江伯陈瑄及前军都督佥事宣信俱充总兵官,各帅舟师海运粮饷,瑄往辽东,信往北京。"(《明太宗实录》)永乐十三年,清江浦河道工程竣工,加上此前废弃不用的会通河在永乐九年重新疏浚开通,大运河得以全线贯通,"由是海陆二运皆罢",延续了五十余年的海运就此画上句号。

上述提及,相较于海运,河运的成本高,高得多。那么,为什么明王朝要反其道而行之,舍弃海运而专事于河运?"害怕海洋和侵扰海岸的强盗,在中国人的心里是如此根深蒂固,以致他们认为从海路向朝廷运送供应品会危险得多。"从这一论断来看,利玛窦认为,明朝放弃海运有两方面的原因,一是中国人性格保守,一是海盗的威胁。这一观点,也往往为后来的史家接受并在此基础上加以发挥。譬如说,黄仁宇认为,"明廷在处理运输问题和具有重要性的国家事务时,采取了一种在传统中国以农为本情况下所形成的特有方法。即稳定性的地位总是超越发展和扩张的需求。……出于安全的角度考虑,明王朝当局非常想把国土与世界隔离开来。只要可能,同世界各国的交往和联系减少到最低程度,很少以可以受益发展的眼光对待对外贸易。海运的终止,不过是这种孤立主义政策的发展表现"(《明代的漕运》)。

但这一解释经不起些许推敲。如果说中国人性格保守是明朝放弃海运的原因,则唐宋时期极为发达的海外贸易从何而来?唐朝的中国商人足迹所至,遍及从日本、朝鲜到东南亚、中亚乃至欧洲诸国;与两宋通商的海外国家则有五十多个,商船来往于西太平洋、印度洋和波斯湾。这一史实,证明中国人并不"害怕海洋",也有冒险精神。如果说人的性格会改变,唐宋时期很开放的中国人进入明朝之后性格突变,一下子保守了,所以放弃了海运。则任何现象和行为,都可以用性格改变来解释。开放国门,是因为中国人性格变得进取了;闭关锁国,是因为中国人性格变保守了。这算什么解释?什么也没有解释,因为说了等于没说。如果强要从性格转变说事,则必须指出,是什么样的可以观察到的局限转变促成了人们的性格改变,这解释才有内容。

"害怕侵扰海岸的强盗"也不是明朝放弃海运的原因。明朝的倭寇之患,以嘉靖一朝最为频繁,时在明王朝的中后期。而罢停海运,始于永乐十三年,其时倭寇之患并不严重。永乐、宣德年间,郑和七下西洋,"耀兵异域",当时明王朝的海上力量之强大不言而喻。更何况,发展海运本身是有利于加强海防的,有着重要的军事意义。恰如丘濬所言:"今日诚能用军三四万人,舟三五千艘,由海道漕运,因而教以水战,则东可以制朝鲜,南可以制交阯。……凡为运舟者必备战具,无事则用以漕,有事则用以战,岂不一举而两得哉?"(《大学衍义补·战陈之法》)因此,明王朝放弃海运,不可能是出于"害怕侵扰海岸的强盗"。

有趣的是,罢停海运之后,呼吁"恢复海运"以及反对"恢复海运"的争吵在有明一代始终不绝,尤其是在河运出现问题时,争论的声调便会随之高亢,但无一不是以反对派的胜利而宣告终结。海运,也因此在一次次的争吵过后便不了了之。最典型的一例,莫过于隆庆、万历时试行海运的功败垂成。隆庆六年,漕运总督王宗沐筹备和主持首次海运试航,以海舟三百只,载漕粮十二万石,由淮安出发,沿海北上,历经一个多月的航程,成功抵达天津。然而,万历元年组织第二次试航时,海运船队在即墨福山岛遭遇大风,导致"坏粮运七艘,漂米数千石,溺军丁十五人",由此,"给事、御史交章论其失,罢不复行"(《明史·河渠志》)。

从双方的交锋来看,主张海运的大抵以丘濬的海运思想为其立论依据和知识来源,强调海运显著的成本优势及其对国家安全的战略意义。反对海运的则一再渲染和夸大海运的风险。譬如《明书·河漕志》载,嘉靖年间,御史于湛认为,海运是秦、元这两个朝代的专属,是暴政的产物。他以元朝至元二十八、至大二年两次海难漂没的粮米数量,按照丘濬"每千石用卒二十人"换算得出,海运每年要溺亡五六千名水手,并因此将海运定性为只讲效率而无视生命的残酷技术。漕运总兵官万表则认为,海运每年都有舟毁人亡的事件发生,漂没的粮食高达十万石以上,主张海运之人实乃不明事理——"在昔海运,岁溺不止十万。载米之舟,驾船之卒,统卒之官,皆所不免。今人策海运辄主丘浚之论,非达于事者也。"(《明史·河渠志》)

舟毁人亡,货物漂没。不错,这是海运面对的风险。但这是海运独有的风险么?在大运河里行驶的船只不会面临这样的风险么?答案是否定的。有明一代,黄河水患严重,尤其是嘉靖之后,黄河频频改道决溢。泛滥的洪水一面导致漕粮大量漂失,漕卒溺死至众;一面泥沙俱下,冲毁堤岸,淤塞河道,令船只无法通行。举例以明。隆庆三年,"河决沛县,茶城淤塞,粮艘二千余皆阻邳州"(《明史·河渠志》);隆庆四年,"河决邳州,自睢宁白浪浅至宿迁小河口,淤百八十里,溺死漕卒千人,失米二十余万石"(《明史纪事本末·河决之患》);隆庆五年,"河复决邳州王家口,自双沟而下,南北决口十余,损漕船运军千计,没粮四十万余石,而匙头湾以下八十里皆淤"(《明史·河渠志》)。足见比之海运,河运的风险有过之而无不及。换言之,即便将舟毁人亡、货物漂没的风险考虑在内,海运的成本也要比河运低,低得多。元代漕运以海运为主,不是没有道理的。

这样看,"恢复海运"在永乐十三年之后一次次无果而终,反对派在每一次围绕海运恢复与否的争议中始终胜出,其根源,其实并不在于海运和河运这两种运输方式的效率和成本的高下,而是有别的深刻原因在。

从"分粥制度"说到改制费用

以经济学的视角观之,漕运的两种方式——海运和河运,是两种不同的制度安排。也即是说,河运是一种制度,海运是另一种制度。从河运转为海运,是制度安排的替代,是制度的改革。前面已经说过,相较于河运,海运的效率要高得多,从制度安排的角度看,海运这一制度的运作费用要比河运低得多。永乐十三年之后,明朝的漕运始终无法引入和采用海运,来替代或者部分替代河运,意味着运作费用低的制度没有能够替代运作费用高的制度。这是为什么?

解释这一现象,不妨从"分粥制度"说起。

"分粥制度"是罗尔斯在其著作《正义论》中所举的一个虚拟例子。在该例中,他列出了五种分粥方法,也就是五种"分粥制度":

制度一:拟定一人负责分粥事宜。很快大家就发现这个人为自己分的粥最多,于是换了人,结果总是主持分粥的人碗里的粥最多最好。

制度二:大家轮流主持分粥,每人一天。虽然看起来平等了,但是每个人在一周中只有一天吃得饱且有剩余,其余6天都饥饿难耐。

制度三:大家选举一位品德上乘的人主持分粥。开始尚能基本公平,但不久他就开始为自己和溜须拍马的人多分。

制度四:选举一个分粥委员会和一个监督委员会,形成监督和制约。公平基本做到了,可是由于监督委员会经常提出多种议案,分粥委员会又据理力争,等粥分完,早就凉了。

制度五:每人轮流值日分粥,但是分粥的人最后一个领粥。结果呢每次7只碗里的粥都是一样多,就像科学仪器量过的一样。因为每个主持分粥的人都明白,如果7只碗里的粥不相同,他无疑将享有那份最少的。

不能不说,这个近乎寓言故事的"分粥制度"是简洁有力的。"分粥制度"阐释的是人类社会的制度选择。它精妙地证明,经过不断寻找和选择,人们总是能够找到一个更好的制度。在一场适者生存的制度竞赛中,最终被选择的总是最好的制度。

很可惜,"分粥制度"是一个童话故事,只适用于童话世界,在真实世界是不存在的。道理简单,"分粥制度"忽略了制度费用!或者说,在"分粥制度"中,制度费用是零。但真实世界远非如此,制度费用不仅存在,而且无处无之,庞杂高昂。

不难明白,在上述的"分粥制度"世界里,制度费用是不存在的,特别是从一个制度向另一个制度的变迁过程中,其转变是不需要费用的,或者说其费用微不足道可以忽略不计。正因为如此,从制度一到制度五的制度演进中,可以一路顺畅毫无阻碍。然而在真实世界,制度运作费用不菲,而制度变革——从一个制度向另一个制度转变的费用往往更加庞大。制度变革的费用,简而言之,大抵可以分为两类。其一是讯息费用,即需要知道、了解引入的制度是怎样运作及其效果如何的费用。倘若目标制度已然存在,需要付出相关的搜寻和学习费用;倘若无先例可循,则必然需要花费摸索、试验的费用。以上述的"分粥制度"为例。当从制度一转向制度二,或者制度二转向制度三,或者制度三转向制度四……之时,首先需要知道目标制度是什么。如果已有,需要学习掌握,如果尚无,则需要创新试验。其二是改制推进过程中的费用,即为达成一致所需进行协商的费用,以及对因为制度转变而造成利益受损的既得利益者的补偿费用等。后者尤为关键,改革的利益受损者群体如果足够强大,其抗拒足以令改革无疾而终。以"分粥制度"为例,在制度三中,如果形成了一个以主持分粥者为核心的小团体,其势力完全有能力将制度固化下来,使得小团体之外的人们终日挨饿而无力将其改变。在这种状态下,即便是完美的"制度五"近在咫尺,也不可能将前者替代,改革无从发生。

以此观照明代的漕运,则利玛窦的疑惑和问题迎刃而解。不错,相较于河运,海运效率高成本低,优势明显不过,但连接北京和杭州长达三千多里的大运河航线,直接关乎着所有沿线地区和人们的利益,一荣俱荣,一损俱损。一旦引入海运,即便是部分替代而非全部替代河运,大运河航线辐射所及的地区和人们的利益都将受到损害。长达三千多里大运河辐射的地区和人们是如此之广之多,即便是减少一部分河运,也将带来巨大的利益格局调整,其受到河运利益团体的激烈反对,固其宜矣。换言之,形形色色的受惠于大运河航线的利益团体,以真真假假的理由联手抗拒海运制度的引入,最终成功地将河运制度固化下来,导致运作费用低的海运制度无从替代或者部分替代运作费用更高的河运制度,令明朝无效率的漕运制度得以继续维持。

明朝的漕粮,是由军队负责运输的。最初,军队只负责短途的转运，百姓将粮食运送到淮安、徐州、临清等地中转站，然后由军队将其运送至京城，此之谓"支运"；其后，以减轻长途运输负担之名，让百姓选择在方便缴纳税粮的地方交卸，然后由官军负责运输，但需要支付额外的费用，此之谓"兑运"。成化年间，诏令所有粮运均由官军负责，从此便进入了所谓的"长运"时期，直至明朝灭亡。"长运"时期，负责漕粮运输的官军数量，多达12万余人。不言而喻，这支庞大军队的切实利益直接与河运挂钩。上述提及，嘉靖年间，漕运总兵官万表极力反对海运，夸大海运舟毁人亡的危害性，指责主张海运的人们不明事理，其实是势所必至的。在这背后，不仅有万表的个人利益考量，更站着一个12万余人的庞大利益团体。

河运和海运，受益的地区和人们是完全不同的。得益于河运的，是大运河沿线的地区和人们；得益于海运的，是东海沿海的地区和人们——元朝的海运带来了刘家港和直沽的繁盛。河运的发达，带动了大运河沿岸城镇和商业的发展，带来了沿线地区的税收和就业机会。《济宁县志》云："其地……为河渠要害，江淮货币百贾会集，其民务为生殖，仰机利而食。"即其一例也。一旦引入海运，以海运之高效率和低成本，必然会逐渐侵蚀河运的份额，最终形成海运为主河运为辅的格局，一如此前的元朝。因此，海运之议的提出，每每为大运河沿线的地方官员极力反对，理有固然。

结论很清楚。作为制度安排的河运与海运，有着各自的运作费用。海运制度运作费用低，河运制度运作费用高。如果一如"分粥制度"所言的那样，改制费用——从一种制度转变为另一种制度的费用是零或者说不存在，则运作费用较低的海运制度必然会被采用。然而,在真实世界,改制费用不仅存在,而且往往高昂。明朝漕运制度变革涉及的改制费用中,讯息费用不高,因为海运的运作费用,元朝的实践提供着翔实的数据,而河运的运作费用更是有切身的一手信息;高昂的是与河运相关的各类利益团体的抗拒费用。这一费用令改制费用居高不下,保护着运作费用较高的河运制度。从另一个角度而言,则是海运替代河运带来的制度费用节省,低于海运替代河运的改制费用,从而使得从河运转为海运的制度变革无从发生。

崇祯十二年,义军纷起,大运河的漕运通道受阻。《明史·河渠志》载,内阁中书沈廷扬"复陈海运之便",明思宗朱由检诏令造船尝试海运漕粮。第二年六月,沈廷扬亲自押运,"乘二舟,载米数百石",六月初一从淮安出海,十五天后便抵天津。这一成功的尝试令朱由检"大喜",遂令重启海运。然而,此时的大明王朝,已是日薄西山,来日无多了。

十二

"士农工商":古代中国为什么轻贱商人?

十二 "士农工商":古代中国为什么轻贱商人? 189

清末邹容所著之《革命军》有语云:"外国之富商大贾,皆为议员,执政权,而中国则贬之曰末务,卑之曰市井,贱之曰市侩,不得与士大夫为伍。"岂但"不得与士大夫为伍"而已哉。古代中国向来把人民分为四类:士农工商。"万般皆下品,唯有读书高",士且不论,即便在农、工、商三者中,商也排在前两者之后,敬陪末座。

传统中国为什么将商业贬为末业,把从商的人们置于四民之末,施以鄙视的眼光,轻之贱之?

春秋时商人形象积极正面

严谨地说,古代中国轻贱商业和商人之论断是不确的。因为从有文字记载的历史来看,在西周和春秋时期,商业及商人并未为当时的社会和人们所歧视,最起码,不在农、工之下。

西周初年,周公平定"武庚之乱"后,特地为建国于殷商故地的卫国发布了一则规范人们饮酒行为的公告——《酒诰》,其中有云:"肇牵车牛远服贾,用孝养厥父母。"这是劝告殷商遗民在农事完毕后,赶快牵着牛车到外地去做生意,以其所获来孝敬和赡养父母。司马迁在《货殖列传》中亦引述《周书》曰:"农不出则乏其食,工不出则乏其事,商不出则三宝绝,虞不出则财匮少。"足见其时的社会,人们是将农、工、商、虞四大行业及其从业者等量齐观的,并无上下尊卑之分。

春秋之时,商业亦颇受列国重视。郑桓公东迁开国的时候,是带着一群商人一起过去的,并与他们立有盟誓:商人不能背叛国君,国君则不能强买、抢夺商人的财物;商人有宝贵的财货,国君也不与闻其事——"昔我先君桓公,与商人皆出自周,庸次比耦,以艾杀此地,斩之蓬蒿藜藿而共处之。世有盟誓,以相信也。曰:'尔无我叛,我无强贾,毋或匄夺。尔有利市宝贿,我勿与知。'恃此质誓,故能相保,以至于今。"(《左传·昭公十六年》)

对商业重视的不唯郑国的国君。卫文公复国之后,"务材训农,通商惠工,敬教劝学,授方任能"(《左传·闵公二年》);晋文公返国即位后,"轻关易道,通商宽农"(《国语·晋语》)。从施政举措看,卫、晋两国对商业的重视不下于农业,农、商并列发展。

其时商人的形象也很积极正面。《左传·僖公三十三年》记载了郑国商人弦高智退秦军一事。是年春季,秦穆公派大夫孟明视、西乞术、白乙丙三人带兵偷袭郑国。秦军穿过周国,到达滑国地界的时候,恰巧遇到了去周国做买卖的郑国商人弦高。弦高见状,知其来者不善,一面派人赶快回国报告郑穆公,一面将自己所携带的四张熟牛皮以及十二头牛当作劳军的礼物,自称受郑穆公之命前来犒劳秦军:"敝国君主知道你们要来,特地派我来犒劳大家。敝国虽然不富裕,但也为你们在此歇息逗留作好了准备:如果在此住下,就预备一天的粮草供应;如果继续前行,则提供一夜的保卫。"得到报告的郑穆公立即派人去侦察秦国驻军的客馆(鲁僖公三十年,秦、晋合围郑国,郑君派老臣烛之武说服秦穆公,秦国与郑国私下结盟,秦穆公领着大军退去,另派大夫杞子、逢孙、杨孙三人率两千人马驻扎于郑国,替郑国守御都城北门),看到秦国驻军正厉兵秣马,证实了其作为内应的阴谋。郑穆公便派皇武子对他们说:"你们在这里住得太久了,我们实在供应不起了,我知道你们就要回国,没有什么别的礼物相送,原圃里养着一些麋鹿,你们自己取去,如何?"杞子、逢孙、杨孙闻听此言,知道阴谋败露,遂各自逃命,杞子奔往齐国,逢孙、杨孙则去了宋国。孟明视见郑国有了防备,自感"攻之不克,围之不继",遂灭掉滑国班师回去了。

《左传·成公三年》记录了另一名郑国商人的事迹。鲁宣公十二年,晋、楚邲之战,后来辅助晋悼公复霸诸侯的知䓨随父出征,被楚军俘虏。在楚期间,知䓨结识了一位来楚地做生意的郑国商人。该商人想出了一个解救知䓨的计策:将他藏在衣囊中偷偷地运出楚国。计策已定但尚未付诸行动时,晋、楚冰释前嫌,楚国遂将知䓨释放回国了。其后,这名郑国商人来到晋国,知䓨待他很好,如同他救了自己一般。商人说:"我本没有什么功劳,怎敢贪功为己有呢?我不过是一个小人物,可不能因此而败坏了君子的名声(让世人误以为知䓨真的为我所救)。"于是离开晋国去往齐国。

在左丘明的笔下,两位郑国商人,一位救国于危难,一位无功不受禄,其形象无疑是光辉的,高大的。

被后世奉为圣人的孔子对商人也不歧视。子曰:"回也其庶乎,屡空。赐不受命,而货殖焉,亿则屡中。"(《论语·先进篇》)言语之间对子贡的商业天赋颇为赞赏。而他这个"好废举,与时转货赀"的得意门生,也受到当时各国诸侯的高规格礼遇——"子贡结驷连骑,束帛之币以聘享诸侯,所至,国君无不分庭与之抗礼。"(《史记·货殖列传》)

"抑商"传统滥觞于战国

进入战国,风向突变,商业和商人成了各国打压的目标。

在秦国主持变法的商鞅推出了一系列"抑商"政策。譬如说,不允许粮食在市场上自由买卖——"使商无得粜,农无得籴";不得雇用工人——"无得取庸";禁止开设旅馆——"废逆旅";将山林、川泽等资源收归国有统一管理,不允许百姓任意砍柴、打猎、捕鱼和开矿——"壹山泽";大幅提高酒、肉的价格,对其征收十倍于成本的税额——"贵酒肉之价,重其租,令十倍其朴";加重集市的税负——"重关市之赋";商人家里的奴仆,不管是砍柴的,赶车的,还是贴身随从,都要一一安排徭役,也即是要按照商人家庭里的总人口数量来向其摊派徭役——"以商之口数使商,令之厮、舆、徒、重者必当名"(以上举措皆见诸《商君书·垦令》)。做生意失败而致贫者,则全家收为官奴——"事末利及怠而贫者,举以为收孥"(《史记·商君列传》)。

不唯秦国,魏国亦施行"抑商"之策。魏安釐王二十五年,魏国出台一条规定:"自今以来,叚(贾)门逆吕(旅),赘婿后父,勿令为户,勿鼠(予)田宇。"(云梦睡虎地秦简所附《魏户律》)其意是说,从今而后，凡是做买卖的商人，经营旅馆的店主，入赘女家的男人以及娶有孩子的寡妇的男人，不准独立为户，不授予耕田和宅地。上述身份低下的人员被强迫充军时，在军中的待遇也远低于普通士兵。譬如将军下令烹牛犒赏士兵时，他们非但没有肉吃，连饭也只有普通士兵的三分之一；在攻城的时候，哪方面人员不足就派他们到哪里，甚至可以用他们填平沟壕——"今遣从军，将军勿恤视。享（烹）牛食士，赐之参饭而勿鼠（予）殽。攻城用其不足，将军以堙豪（壕）。"（云梦睡虎地秦简所附《魏奔命律》）

秦灭六国一统中原，成就中国历史上第一个中央集权帝国。其国策是"上农除末"，延续了原有的"抑商"策略——"皇帝之功，勤劳本事。上农除末，黔首是富。普天之下，抟心揖志"（《史记·秦始皇本纪》）。其时经商也是一种"罪过"，在征发戍边的士兵时从商之人有特别的优先"待遇"——"秦民见行，如往弃市，因以谪发之，名曰'谪戍'。先发吏有谪及赘婿、贾人，后以尝有市籍者（曾经经商的），又后以大父母、父母尝有市籍者（祖父母、父母经商的），后入闾，取其左。"（《汉书·晁错传》）

汉朝对商业和商人的压制非常严厉。刘邦在位时，"乃令贾人不得衣丝乘车，重租税以困辱之"。孝惠、高后时，"抑商"政策有所放宽，"然市井之子孙亦不得仕宦为吏"（《史记·平准书》）。汉武帝时期，商人阶层遭遇了一次灭顶之灾。其时，汉武帝下令征收"算缗"和"算商车"，翻成现在的术语，前者是财产税，后者是车船税。财产税的征收，是凡商人、高利贷者以及囤积货物者，必须按照其拥有的财产缴税，每值2000钱缴纳120钱，名为一算，即税率为6%；凡是制造手工业商品出售的，每满4000钱缴纳120钱，即税率为3％。车船税的征收,非"三老""骑士"而有轺车者,每辆车征收一算即120钱,商人则加倍,每辆车征收240钱。拥有船只且船体长逾五丈者,每艘船征收120钱。为逃避征税,商人、高利贷者和手工业者纷纷隐匿财产,汉武帝便颁发告缗令,发动群众举报告发。结果,"中家以上大抵皆遇告。……得民财物以亿计,奴婢以千万数,田大县数百顷,小县百余顷,宅亦如之。于是商贾中家以上大率破"(《史记·平准书》)。

晋朝也没有给商人好脸色。晋朝初立,晋武帝诏令:"敕戒郡国计吏、诸郡国守相令长,务尽地利,禁游食商贩。"(《晋书·食货志》)商人的服饰也有特别的规定,以昭示其"贱民"的身份——"《晋令》曰:侩卖者,皆当着巾,白帖额,题所侩卖者及姓名,一足着白履,一足着黑履。"(《太平御览·资产部》)

隋朝首开科举,但"工商不得进仕"(《隋书卷·帝纪·高祖》)。唐朝也一样,"工商杂类,不得预于士伍"(《旧唐书·百官志》)。"太宗初定官品令,文武官共六百四十三员,顾谓房玄龄曰:'朕设此官,以待贤士。工商杂色之流,假令术逾侪类,止可厚给财物,必不可超授官秩,与朝贤君子比肩而立,同坐而食'。"(《旧唐书·曹确传》)

两宋是古代中国的一个异类,工商业发达,相较于其他朝代,其并不抑商轻商。但宋朝有一个特别之处,那便是"禁榷"制度得到了空前的强化,凡与民生有关的物品,如盐、茶、酒、香料、矾、铜、铅、锡等,皆为"禁榷"。所谓"禁榷",即官府专卖,由政府垄断物品的生产销售。宋代禁榷立法极为繁复严密。譬如榷酤(酒类专卖),分为两类:一是官酿官卖,从酿造到售卖均由官府独占;一是民酿民卖,即官府向民户出售指定期限内某一片区的酒类专卖权。为维护官府专卖的利益,朝廷特地制定了一系列严刑峻法,大力打击、取缔私酒。清人赵翼曾指出,"史册所载,历代榷酤未有如宋之甚者"(《陔余丛考·宋元榷酤之重》)。

明、清则延续着一贯的"重农抑商"政策。朱元璋直言:"若有不务耕种,专事末作者,是为游民,则逮捕之"(《明实录·太祖实录》)。洪武十四年诏令,农民许穿绸、纱,商人则不行——"十四年令农衣绸、纱、绢、布,商贾止衣绢、布,农家有一人为商贾者,亦不得衣绸、纱。"(《明史·舆服志》)清朝的雍正皇帝亦言:"朕观四民之业,士之外,农为最贵,凡士工商贾,皆赖食于农,以故农为天下之本务,而工贾皆其末也。"(《清实录·世宗实录》)

通观战国及其后之历朝历代抑制和打压商业及其从业者的政策举措,要而言之,其实可归结为两个字,即司马迁在《平准书》中所言的"困辱"。说得清楚一点,便是"困其业,辱其人"。困其业,是对商业的发展施以种种的限制,对有大利可图的行业和物资如盐、铁、酒、茶、香料等实行"禁榷",由政府垄断官营,不许民间染指;对允许民间贸易的行业和物资,则课以重税。辱其人,则是打压商人的人权,羞辱其人格和名誉。一言以概之,"困其业"与"辱其人",是传统中国"抑商"政策的全部内容。

"流动"的职业特点乃轻贱商人之根源

然则战国及其后历代王朝打压商业、轻贱商人究竟所为何来?

自古以来众说纷纭，莫衷一是。且略举其中荦荦大者言之。

一曰商人唯利是图，见利忘义重利轻情，故而要"抑商"。此论最为肤浅，不堪一驳。"天下熙熙皆为利来，天下攘攘皆为利往。"士农工商，哪个群体和阶层不在为利益奔波？见利忘义重利轻情者可不唯商人，士人、农人群体中亦大有人在，何以不因此而"抑士""抑农"？而从经济学上说，士农工商皆为"经济人"，为自身利益最大化所驱使而劳作，商人并不有别于其他三者。因此，将"抑商"归咎于商人唯利是图，甚谬也。

一曰农人辛劳而挣钱少，商人安逸而挣钱多，不利于社会安定，故而要"抑商"。譬如说，西汉主张"重农抑商"的晁错在《论贵粟疏》中写道："今农夫五口之家，其服役者不下二人，其能耕者不过百亩，百亩之收不过百石。……春不得避风尘，夏不得避暑热，秋不得避阴雨，冬不得避寒冻，四时之间，无日休息。……勤苦如此，尚复被水旱之灾，急政暴虐，赋敛不时，朝令而暮当具。有者半贾而卖，无者取倍称之息。于是有卖田宅、鬻子孙以偿债者矣。而商贾大者积贮倍息，小者坐列贩卖，操其奇赢，日游都市，乘上之急，所卖必倍。故其男不耕耘，女不蚕织，衣必文采，食必粱肉；无农夫之苦，有阡陌之得。因其富厚，交通王侯，力过吏势，以利相倾；千里游遨，冠盖相望，乘坚策肥，履丝曳缟。此商人所以兼并农人，农人所以流亡者也。"此乃传统之偏见也。农人耕作辛苦，商人经商何尝不辛苦？商人奔波于各地，风餐露宿，要忍受漂泊的寂寞，要提防盗贼的觊觎，也要应付官府的刁难与搜刮，艰难坎坷多矣。其辛苦实不下于农人。农民、商人的区别，只是勤苦之事不一而已。明人李贽在《又与焦弱侯》中为商人说过几句公道话："且商贾亦何可鄙之有？挟数万之资，经风涛之险，受辱于关吏，忍诟于市易，辛勤万状，所挟者重，所得者末。然必交结于卿大夫之门，然后可以收其利而远其害，安能傲然而坐于公卿大夫之上哉！"至于"交通王侯""兼并农人"的富豪，不能说没有，但为数甚少。绝大多数的从业者，是为生计奔波的小商贩，大率"南到九江，东到齐与鲁。腊月来归，不敢自言苦。头多虮虱，面目多尘。……三月蚕桑，六月收瓜。将是瓜车，来到还家。瓜车反覆，助我者少，啖瓜者多"（《汉乐府·孤儿行》），挣钱并不容易。

一曰百姓弃农经商，会导致农田荒芜，动摇国本，故而要"抑商"。这是传统社会的主流意见。其将农业视为"本"，而将商业视为"末"，一国要强盛，必须"事本禁末"，因为"能事本禁末者富"（《商君书·壹言》）。所以，要"省工贾，众农夫"（《荀子·君道》），要"使其商工游食之民少而名卑，以寡趣本务而趋末作"（《韩非子·五蠹》）。西汉贾谊也持有同样的观点："今背本而趋末，食者甚众，是天下之大残也……今驱民而归之农，皆著于本，使天下各食其力，末技游食之民转而缘南亩，则畜积足而人乐其所矣。"（《汉书·食货志》）此论将农、商对立，认为百姓务农则强国富国，从商则弱国穷国。然此论之所言，既非事实，又不符合逻辑。以事实而论，前面说过，郑国是郑桓公带着一群商人一起建国的，历来重视商业，而在春秋最初期，郑国是第一强国。晋国农、商并重，但其之强盛，几乎贯穿了整个春秋时期。齐国也有重商的传统，而齐桓公"九合诸侯，一匡天下"，为春秋五霸之首。以逻辑而言，一国之经济发展，农、工、商各有其作用，不可偏废，亦不可替代。《周书》所云"农不出则乏其食，工不出则乏其事，商不出则三宝绝，虞不出则财匮少"，一言尽之矣。明清之际，黄宗羲亦尝言："世儒不察，以工商为末，妄议抑之。夫工固圣王之所欲来，商又使其愿出于途者，盖皆本也。"（《明夷待访录·财计》）在竞争之下，农、工、商各业之回报率亦会与市场利率看齐，劳动力亦因此在各行业合理分布。那所谓因为农人辛劳而利少、商人安逸而利多，从而导致人们纷纷"背本而趋末"，进而导致国家虚弱、动摇国本，实不谙经济逻辑之论也。

那么，战国及其后之历朝历代"抑商"之真正原因，究竟是什么？

从史实来看，"抑商"必然伴随着"重农"。战国至明清的历朝历代，其基本国策无一不是"重农抑商"或"农本商末"。这是一个硬币的两面，一面是"抑商"，一面是"重农"，两者是同时并行的。不难明白，在"重农抑商"的政策下，从商代价上升而务农成本下降，导致从商之人减少而务农之人增加。这是"重农抑商"政策带来的客观结果，也是"重农抑商"的政策意图之所在。

从商也罢，务农也罢，都是治下的子民，为什么历代王朝的统治者必欲"驱民而归之农"？为什么要以"困其业，辱其人"之抑商政策来尽可能地减少从商的人口？农民和商人，在历代王朝的统治者眼里，究竟有何本质区别，令其对前者"青眼"有加而对后者施以"白眼"？

余以为，答案是这样的：在一个幅员广阔的中央集权制的传统农业社会中，相较于附地而生的农民，治理游移的商人的成本要高得多，难治也。此所以历代王朝千方百计通过"困其业，辱其人"的抑商政策来遏制从商人口数量也。

商人的"难治"或者说治理成本高,不是因为不知所谓的"无奸不商",实乃缘于商人的职业特点。商人以"候时转物,籴贱贩贵"为获利之道,因此辗转于各地,将货物从甲地运送至乙地,调剂余缺,流通有无。"流动",是这一职业的最大特性。商人"流动"的职业特性,给历代王朝的统治者带来的治理难题,表现于三个层面:其一,商人四处流动,昨天在甲地,今天在乙地,明天又在丙地,古代的通信和交通与当今不可同日而语,其结果是掌握和了解商人动向的讯息费用极高;其二,商人游历各地,与各色人等打交道,所见既广,所识既多,知识增长累积,自然通达物理人情,不容易为政府以各种名义推行的政策措施所愚弄,甚而会想出种种办法"钻空子""打擦边球",使得政策意图落空;其三,商业连接着生产和消费,行内又有分工合作,货畅其流需要有很强的协调、组织能力作为支撑。而这种协调、组织能力,恰恰又是统治者所忌惮的。

反观"小农经济"之下的农民,附地而生,固守于一地,又几乎不与外地交往,一家一户男耕女织自给自足。固守一地,则治理的讯息费用低;不与外地交往,则知识少,易愚弄;一家一户独立自足,则力量分散薄弱,易制御。"长短相形,高下相倾。"同为子民,商人和农民之治理的成本孰高孰低,由此可谓一览而尽。

"民农则朴,朴则易用,易用则边境安,主位尊。……舍本而事末则不令,不令则不可以守,不可以战。民舍本而事末则其产约,其产约则轻迁徙,轻迁徙,则国家有患,皆有远志,无有居心。民舍本而事末则好智,好智则多诈,多诈则巧法令,以是为非,以非为是。"(《吕氏春秋·上农篇》)这一番话,实在是很明白地说出了农、商不同的治理账本,也说出了所谓"重农抑商"或"农本商末"政策的本质意图。其实商鞅说得更直白。他说,治理国家的关键,一是要弱民——"民弱国强,民强国弱,故有道之国,务在弱民"(《商君书·弱民》);一是要愚民——"民不贵学则愚,愚则无外交,无外交则勉农而不偷"(《商君书·垦令》),无一不是从治理成本的角度考量的。

"士农工商",四民之中,士是参与国家治理的,被管理的,是农、工、商三者。在这三者中,从职业特点看,流动性最强的是商,工次之,农居末。而从治理的角度看,流动性越强,治理成本越高。要降低整体的社会治理费用,减少从商的人口而提升务农人口是当然的选择。"重农抑商",理有固然矣。

或者要问,商人"流动"的职业特性一以贯之,而春秋时期的通信和交通条件远逊于战国,信息费用更高,按理说治理成本更高,何以春秋列国非但没有"抑商",反而鼓励有加,农商并重发展?回答是,春秋与战国有两大关键的不同:一是春秋时商人甚少,而且主要是"官商",由官府供养,为官府服务。"工商食官",此之谓也。其之往来各地以及贩卖的物资等状况,为官府所掌握。而在战国时代,私人经商是主体,而且人员众多,其流动去向官府并不了然。因此,从治理的讯息费用看,春秋远低于战国;二是从春秋到战国,政治体制发生了巨大的变革。春秋尚处于封建制度,所谓封建,就是封土建国。天子将土地分封给诸侯,诸侯再将土地分封给卿、大夫,卿、大夫又将土地分封给子孙和家臣……一层一层地分封下去,到士为止。虽然说"普天之下,莫非王土",但实际上,经过分封之后,这"王土"被分割成无数大大小小的地块。在这大大小小的地块上,每一个地块都有着各自的主人。再加上其时人口又少,所以每一块土地的主人管理的人员为数不多,治理简单。进入战国之后,各国尤其是战国七雄经过先后改革,都形成了中央集权制度,整片国土上只有一个主人,即一国之君主。其后经过兼并战争,各国的领土不断扩大,又因为生产力的发展,人口也较春秋时大幅增长。领土既广,人口既多,社会情态越发复杂,治理成本骤然上升。商人职业的"流动"特性,更令其捉襟见肘,自然非限制打压不可,以期降低治理之成本和费用。"重农抑商"的政策始行于战国,非偶然也。

十三

"三十亩地一头牛,老婆孩子热炕头":"小农经济"缘何延续了两千多年?

十三 "三十亩地一头牛,老婆孩子热炕头":"小农经济"缘何延续了两千多年?

"(女)树上的鸟儿成双对,(男)绿水青山带笑颜。……(女)从今再不受那奴役苦,(男)夫妻双双把家还。(女)你耕田来我织布,(男)我挑水来你浇园。(女)寒窑虽破能避风雨,(男)夫妻恩爱苦也甜。(合)你我好比鸳鸯鸟,比翼双飞在人间。"黄梅戏《天仙配》的这一段经典唱词,是传统中国农民夫妇对幸福生活的憧憬与诠释,也是对以一家一户男耕女织为表征的"小农经济"的具象描述,生动、可感。

这样的一家一户,汇聚成"小农经济的汪洋大海"。这是传统中国的标签,也是其立国之基础。

"小农经济"延续两千多年

"小农经济"的源头,最早可追溯至战国。

战国乃"古今一大变革之会",是社会剧烈变动的时期,政治、经济、文化等方方面面,都发生着重大的制度变迁。这些制度变革,不仅改变着当时人们的行为,也深远地影响着后世,甚至及于今天。

"小农经济"的出现，便是其一。

因为生产力的提升——铁农具的普及、牛耕技术的推广以及水利灌溉工程的开发，战国时期农田的单位产出较春秋时大幅增加，以一家一户为生产单位的"小农经济"应时而发，应运而生。战国初，魏文侯任命李悝为相国，主持变法。魏国地少人多，李悝推行的一大改革举措，是"尽地力之教"。顾名思义，"尽地力之教"，就是在土地总量不变的前提下，想方设法提升单位土地的农作物产量，争取土地产出的最大化。粮食作物种植不能单一化，必须黍、稷、麦、菽、麻五谷兼种；农民平时要努力耕作，收获时节则要加紧抢收；住宅四周多种桑树，田埂上多种瓜果蔬菜，是"尽地力之教"三项主要内容。而从其"今一夫挟五口，治田百亩"的阐述来看，其时魏国已实行按户籍身份授田的制度，一个家庭分配一百亩耕地——古今度量衡不同，古代的"百亩"，合今日30亩左右。云梦睡虎地秦简所附《魏奔命律》记载，魏安釐王二十五年，魏国出台一条规定：从今而后，凡是做买卖的商人，经营旅馆的店主，入赘女家的男人以及娶有孩子的寡妇的男人，不准独立为户，不授予耕田和宅地——"自今以来，叚（贾）门逆吕（旅），赘婿后父，勿令为户，勿鼠（予）田宇。"这也是一个证据，证明魏国的百姓按照户籍制度规定单独立户之后，政府将授予其耕地和宅地。

商鞅在秦国主持变法时，也引进了按户籍身份授田的制度。"商鞅佐秦，以一夫力余，地利不尽，于是改制二百四十步为亩，百亩给一夫矣。"（《通典·州郡典·风俗》）在秦国，一家一户的小农经济生产模式，商鞅推行得极为坚决和彻底。他下令："民有二男以上不分异者，倍其赋。"（《史记·商君列传》）这是说，一个家庭里如有两个及其以上成年男子的,必须分家,每一个成年男子都要单独立户,否则加倍征收赋税。在这高压政策下,"秦人家富子壮则出分家,家贫子壮则出赘"(《汉书·贾谊传》)。

"今一夫挟五口,治田百亩";"百亩之田,匹夫耕之,八口之家足以无饥矣";"故家五亩宅,百亩田,务其业而勿夺其时,所以富之也"……总而言之,从先秦典籍的记载来看,战国时,"一夫百亩"的授田制度通行于各国,以一家一户为生产、消费单位的"小农经济"已然是战国七雄的立国基础。

按户授田的一幕,在后世的王朝中反复上演。晋武帝平吴之后,"制户调之式",将土地分配给农民,男丁每人70亩,女子每人30亩,也即是每户家庭100亩——"男子一人占田七十亩,女子三十亩。"(《晋书·食货志》)太和九年,北魏孝文帝"下诏均给天下民田",推行均田制。《魏书·食货志》载,该均田制度下的土地分配,是男子每人40亩"露田",妇人每人20亩"露田";家有奴婢者,则配以同等数量的"露田"。又规定,"丁牛一头受田三十亩,限四牛",也即是家里有成年耕牛的,上报政府后每头牛可分配30亩"露田",但每户限报四头牛。所谓"露田",是年老(超过70岁)或者身后要返还给政府的耕地,因而不准买卖。因拥有奴婢和丁牛所获的"露田",当然也一样,"随有无以还受"。除露田之外,每户还分给"桑田",男子每人20亩,限3年内种上50棵桑树、5棵枣树和3棵榆树。在不宜种桑的地区,男子每人另授麻田10亩,女子5亩。奴婢同例,按露田法还受。桑田是世业,终身不还,世袭继承,也可以部分买卖,但不得越制——"盈者得卖其盈,不足者得买所不足,不得卖其分,亦不得买过所足。"

隋、唐亦有授田之举。隋朝授田"皆遵后齐之制",即露田一夫授80亩,一妇授40亩,男丁每人另授永业田20亩。园宅则是"率三口给一亩,奴婢则五口给一亩"(《隋书·食货志》)。与北魏至隋的各王朝不同,唐代不再对妇女授田,除非是丧夫的女人。据新旧《唐书·食货志》等史籍记载,唐代的授田之法,是凡18岁以上的男丁给田一顷,即100亩,其中80亩为口分田,20亩为永业田。口分田身后要还给官府,永业田则可世代继承。老男、残疾受口分田40亩,寡妻妾受口分田30亩;残疾、寡妻妾如果自立为户,另加20亩永业田;经营工商业者,口分田和永业田减半给之;道士、和尚给田30亩,女冠、尼姑给田20亩。

宋代"田制不立""不抑兼并",土地租佃制度得到空前发展,租种官田、民田的佃户(客户)大面积出现。北宋时期,佃户家庭即占据乡村民户三成以上,南宋时更是有增无减。南宋陆九渊在与友人的书信中提及家乡金溪县农民的生存状况:"然在一邑中,乃独无富民大家处,所谓农民者,非佃客庄,则佃官庄,其为下户,自有田者亦无几。"(《象山集·与陈教授书》)南宋末元初人方回亦云:"望吴侬之野,茅屋炊烟,无穷无尽,皆佃客也。"(《续古今考》)

明朝开国后,因为"元季丧乱,版籍多亡,田赋无准",编制"赋役黄册"(户籍),以为征发徭役之用,又编制"鱼鳞图册"(田籍),作为征收田赋的凭据。土地多荒芜的中原地区,"计民授田";临壕地区;"验民丁力,计亩给田";北方近城地区,"召民耕,人给十五田,蔬地二亩,免租三年"(《明史·食货志》)。清承明制,沿用"黄册""鱼鳞册"之政策。

一语以归纳之,从战国到明清乃至民国时期,以一家一户的自耕农、佃农为生产、消费单位的"小农经济",一直是这个文明古国的立国基础,上下长达两千余年,可谓源远流长。1940年代,北方农村还流传着"三十亩地一头牛,老婆孩子热炕头"的谚语,其对国民性格之影响,亦可谓深刻。

"附地而生"大幅降低社会治理成本

两千余年,即便是在历史长河中,也是一个不短的日子,其间朝代更替,人事代谢,无数的事物时移势迁,为什么"小农经济"有如此强大的生命力,一直与时间并行?为什么"小农经济"出现之后,传统中国的土地制度长时间地停滞于此,不再向前演进?

制度安排是人们选择的结果。这是经济学的看法。"小农经济"是一种制度安排,当然是选择的结果。制度选择不是天马行空,不受拘束的,恰恰相反,任何一种制度的选择,一定受到局限条件的约束,是人们在局限条件下的选择。"小农经济"自然也不例外。于是,上述的问题,其实在问,是在什么样的局限条件下,中国人选择了"小农经济"?或者说,是什么样的局限条件促成了"小农经济"在中国的诞生,并一直持续了两千余年?

史实可见,从战国到明清的两千余年间,尽管历代王朝兴衰更替,但有三个基本的局限条件始终不变:1. 统治疆域广大;2. 中央集权制度;3. 传统农业社会(以铁农具、牛耕技术为核心的生产方式)。以余观之,正是这三个基本的局限条件,促成了"小农经济"的诞生,并在其后的两千余年一以贯之,始终保持着持久的生命力。说过了,制度的选择,是人们在局限条件下的选择。局限不变,人们的行为以及行为带来的现象不变。

一个幅员广阔的中央集权制度的传统农业国家为什么会选择"小农经济"的制度安排?道理其实简单不过:相较于其他制度安排,采用"小农经济"这一制度安排,社会治理成本最低!"小农经济"的社会治理成本低,是"小农经济"本质特征带来的。"小农经济"的本质特征是什么?附地而生!

无数的一家一户耕种无数小块的土地。这是人们对"小农经济"的惯常描述。"小农经济的汪洋大海",此之谓也。这观察是不错的,然止于表象,未中肯綮也。"小农经济"的本质特征,其实是由两项制度界定的:一是户籍制度;一是严禁自由迁徙的制度。商鞅在秦国主持变法,"废井田,开阡陌",引进"小农经济"的制度安排,其中关键的两项核心内容,一是登记户口——"四境之内,丈夫女子皆有名于上,生者著,死者削"(《商君书·境内篇》);一是严禁人口自由迁徙——"使民不得擅迁"(《商君书·垦令篇》)。《秦律》规定,居民迁居,必须申请办理"更籍",否则视为"阑亡"。"捕阑亡者",政府有赏。户籍制度和不得擅自迁徙的制度将农民牢牢地捆绑在土地上,使其如同其种植的农作物一样,附地而生。

"小农经济"下的农民"附地而生"的生存状态,费孝通1930年代在江南农村作田野调查时,对此有非常细致的观察:

> 直接靠农业来谋生的人是粘着在土地上的。我遇见过一位在张北一带研究语言的朋友。我问他说在这一带的语言中有没有受蒙古语的影响。他摇了摇头,不但语言上看不出什

么影响，其他方面也很少。他接着说："村子里几百年来老是这几个姓，我从墓碑上去重构每家的家谱，清清楚楚的，一直到现在还是那些人。乡村里的人口似乎是附着在土上的，一代一代的下去，不太有变动。"——这结论自然应当加以条件的，但是大体上说，这是乡土社会的特性之一。

....

不流动是从人和空间的关系上说的，从人和人在空间的排列关系上说就是孤立和隔膜。孤立和隔膜并不是以个人为单位的，而是以一处住在的集团为单位的。

....

乡土社会的生活是富于地方性的。地方性是指他们活动范围有地域上的限制。在区域间接触少，生活隔离，各自保持着孤立的社会圈子。

乡土社会在地方性的限制下成了生于斯、死于斯的社会。常态的生活是终老是乡。假如在一个村子里的人都是这样的话，在人和人的关系上也就发生了一种特色，每个孩子都是在人家眼中看着长大的，在孩子眼里周围的人也是从小就看惯的。这是一个"熟悉"的社会，没有陌生人的社会。（《乡土中国》）

对统治者而言，"附地而生"的最大利益，是大幅降低了社会的治理成本。这治理成本的降低，表现于三个层面：其一，治理子民，了解、掌握人口的数量、结构和地域分布等情况是前提。户籍制度将男女老少一律登记造册，人口状况自然清楚明了，降低了讯息费用,但如果人们四处流动,会带来新的困扰和麻烦,即造成户籍信息和实际状况不符——譬如说,户口簿上登记某甲住在某地,但其辗转于各地,实际居住在乙地或者丙地,或者不知去向。旨在降低讯息费用的户籍制度因人口的流动而效果大减。严禁人口自由迁徙,将人民固定于一地,从源头杜绝人员流动带来的困扰和麻烦,结合户籍制度,最大程度地降低了讯息费用。其二,一家一户的小农家庭力量薄弱、分散,原本就易制御,又使其"附地而生",生于斯长于斯,终老一地,进一步降低了官府征收田租、赋税,摊派徭役,征发兵役的实施和执行成本。其三,人民"附地而生",固守于一地,不与外地交往,封闭、孤立、见闻少,知识贫乏思想简单,容易驱使利用,管理费用低。

古代的信息和交通技术,与今天不可同日而语。一个中央集权制度的传统农业国家,面对着广阔的疆域,包括讯息费用在内的治理费用之高昂是不难想象的。人民附地而生的"小农经济"制度提供了一种低成本的治理思路,为解决这一棘手的难题给出了切实可行的方案,因而被人们所采纳和选择。传统中国历代王朝兴衰更替,然"小农经济"终究屹然不倒,其来有自矣。

"抑商"与"抑兼并"是小农经济的逻辑必然

小农经济的运作,牵涉的主要资源有二:一是土地;一是人,即耕作土地的农民。从土地的角度看,其要点是将土地零散化,即分割成无数的小地块,以适应一家一户的生产方式。从人的角度看,其要点是将农民捆绑在土地上,即前面所说的"附地而生"。

这两个要点,其实是小农经济的两大支柱。这两大支柱中的任何一个出现问题,小农经济必然垮塌,无从维持。因此,维持小农经济,也有两个要点:一是要遏制人员的流动,而商业和商人的特点,恰恰是"流动",因而必须予以打压和抑制,"抑商"是也;一是要遏制土地的集中,因而对兼并土地的行为必须予以打压和抑制,"抑兼并"是也。质言之,"抑商"与"抑兼并"是维持小农经济的内在逻辑。

这逻辑表现于史实,就是"抑商"与"抑兼并"始终是传统中国的主旋律,绵延两千余年。从战国至明清,历代王朝推出的"抑商"与"抑兼并"政策和措施,层出不穷花样繁多。

花开两朵,各表一枝。先说历代的"抑商"之策。战国时期,商鞅在秦国主持变法,推出了一系列"抑商"政策。据《商君书·垦令》记载,大抵有如下举措:不允许粮食在市场上自由买卖;不得雇用工人;禁止开设旅馆;将山林、川泽等资源收归国有统一管理,不允许百姓任意砍柴、打猎、捕鱼和开矿;大幅提高酒、肉的价格,对其征收十倍于成本的税额;加重集市的税负;商人家里的奴仆,不管是砍柴的,赶车的,还是贴身随从,都要一一安排徭役,也即是要按照商人家庭里的总人口数量来向其摊派徭役。

西汉对商业和商人的压制也非常严厉。《史记·平准书》载云,汉高祖刘邦在位时,"乃令贾人不得衣丝乘车,重租税以困辱之"。孝惠、高后时,"市井之子孙亦不得仕宦为吏"。汉武帝时,征收"算缗"和"算商车",即财产税和车船税。为逃避征税,商人、高利贷者和手工业者纷纷隐匿财产,汉武帝便颁发告缗令,发动群众举报告发。中等以上商贾家皆被举报,被罚得倾家荡产,而官府则大发横财:"得民财物以亿计,奴婢以千万数,田大县数百顷,小县百余顷,宅亦如之。"

晋朝甚至对商人的服饰作了特别的规定,以彰显其"贱民"的身份。《太平御览·资产部》记载,晋朝规定,为买卖双方牵线的中介必须统一着装:戴头巾,额头贴上白贴,上书姓名及从事的行业,一脚穿白鞋,一脚穿黑鞋。

隋唐时期,工商业者可以发财,但想当官免谈。隋朝首开科举,但"工商不得进仕"。唐朝也一样,"工商杂类,不得预于士伍"。

两宋并不抑商,工商业发达,是传统中国的一个异类。但宋廷热衷与民争利,盐、铁、铜、酒、醋、茶、铅等物品,大凡与民生有关的,皆由官府垄断,实行专卖制度。以酒类专卖为例,为维护官府专卖的利益,宋朝制定了一系列严刑峻法,对酿造、贩卖私酒的行为予以严厉打击。清代史家赵翼查考历朝历代的酒类专卖,得出的一个结论是:宋代对酒类专卖管制之严厉,历朝无出其右者。

明朝时,商人及其家属一度不准穿绸戴纱。《明史·舆服志》记载,洪武十四年,明太祖朱元璋下了一道诏令,商人以及家里有经商者的,一律不得穿戴绸、纱服饰。

旨在遏制土地兼并的"抑兼并"措施也为历代王朝高举。汉武帝时,分天下为十三州,刺史巡察郡国,以"六条问事"考察郡县长吏,首当其冲的第一条,便是诏问当地是否存在"强宗豪右,田宅逾制,以强凌弱,以众暴寡"之情况。西汉哀帝年间,鉴于"诸侯王、列侯、公主、吏二千石及豪富民多畜奴婢,田宅亡限,与民争利,百姓失职,重困不足"的现状,下诏"限列"上述人员占有田地、奴婢的数量,其中,拥有田地的数量"皆无得过三十顷"(《汉书·哀帝纪》)。

王莽篡位建立新朝后,为改变"强者规田以千数,弱者曾无立锥之居"的局面,下诏推行"王田制",实行土地国有制,私人不得买卖土地。据《汉书·王莽传》记载,其时土地分配制度如下:一家有男丁八口,可受田一井即九百亩,一家男丁不足八口而拥有土地数量超过一井的,多出来的土地必须分给宗族邻里;原来没有土地者,按上述制度受田。

西晋开国后,推出限制官员占田数量的官品占田制,每一个官员可拥有的土地数量与其官阶等级挂钩,官至一品者可拥有田地50顷,九品官则只能占有10顷——"其官品第一至于第九,各以贵贱占田,品第一者占五十顷,第二品四十五顷,第三品四十顷,第四品三十五顷,第五品三十顷,第六品二十五顷,第七品二十顷,第八品十五顷,第九品十顷。而又各以品之高卑荫其亲属,多者及九族,少者三世。"(《晋书·食货志》)

唐朝亦对官员占田数量予以限制。《通典·食货典·田制》载,政府官员授予永业田,亲王100顷,正一品60顷,郡主及从一品50顷,正二品40顷,从二品35顷,正三品25顷,从三品20顷,正四品14顷,从四品11顷,正五品8顷,从五品5顷。

至明代,明太祖朱元璋"立法多右贫抑富"(《明史·食货志》),而且往往采用移徙、籍没、诛戮等强力手段打压地主豪强。当然,这其中夹杂着很多的个人恩怨,比如将苏、松、嘉、湖等地富豪的土地没收,就是因为这里曾经是其对手张士诚的地盘——"惟苏、松、嘉、湖,怒其为张士诚守,乃籍诸豪族及富民田以为官田,按私租簿为税额。"(《明史·食货志》)

"抑兼并"的核心主旨为防止流民产生

前面说过,"小农经济"制度在传统中国得以采用并延续两千多年的根本原因,是因为其大幅降低了社会的治理成本,从而适应于疆域广阔的中央集权制度的传统农业社会。"抑商""抑兼并"作为维持"小农经济"的两大支柱,自是题中应有之义。"抑商"另文专述(见前篇),这里单说"抑兼并","抑兼并"的反面是"不抑兼并"。那么,对国家或政府而言,"不抑兼并"或者说允许自由兼并带来的危害究竟是什么?简而言之,大抵有二:

其一,一家一户的小农家庭力量单薄,易制御,官府征收田租、赋税,摊派徭役,征发兵役的执行成本低。强宗巨族则人多势众,又大抵有权力加持,征收田租、赋税,摊派徭役,征发兵役执行难度大,成本高。不惟宁是。地方官员因为畏惧地方豪强,往往任其少报、谎报,甚而至于与其相互勾结,上下其手,欺瞒朝廷。且举例以明。战国时,赵奢任赵国的田部吏,负责征地方租税,战国四公子之一的平原君家不肯缴纳,"奢以法治之,杀平原君用事者九人。平原君怒,将杀奢"(《史记·赵奢传》)。虽然最终赵奢以理服人,凭借三寸之舌打动了平原君,不仅挽救了自己的性命,还因此被推荐于赵王,升任负责管理全国赋税之职,但亦可见征收地方豪右租税之难。东汉建武十五年,因为"天下垦田多不以实,又户口年纪互有增减",光武帝刘秀遂行"度田",命各州、郡清查田地数量和人口结构,但地方官员"多不平均,或优饶豪右,侵刻羸弱,百姓嗟

十三 "三十亩地一头牛,老婆孩子热炕头":"小农经济"缘何延续了两千多年?

怨,遮道号呼"(《后汉书·刘隆传》)。陈留郡到京城送公文的小吏粗心大意,将当地太守给他的小纸条夹在奏折中一并呈送上去了。小纸条上写着:"颍川、弘农可问,河南、南阳不可问。"刘秀不明所以,便诘问这名小吏小纸条所写是何意。该小吏抵赖说小纸条是从长寿街上捡来的,他也不知道是什么意思。刘秀当然非常愤怒。时年12岁的刘庄(汉明帝)在帷幕后说,这是当地郡守指示这名小吏,到京城后要把本郡的清查结果和其他郡作个比较。刘秀依然不解:为什么"颍川、弘农可问"而"河南、南阳不可问"?刘庄解释说:"河南帝城,多近臣,南阳帝乡,多近亲,田宅逾制,不可为准。"刘秀命虎贲将军严刑拷问小吏,小吏最终招供,果然如刘庄所言。

其二,一家一户的小农家庭是立国之基础,是田租、赋税、徭役乃至兵役的具体承担者,是国家财政收入的主要来源。一般而言,强宗巨族倘非本身是权贵,就是与权门有着千丝万缕的联系,享有减免租税和徭役的种种特权。强宗巨族大肆兼并,占有大量土地,必然导致国家租税来源减少,进而加重小农家庭的负担。小农家庭为了逃避沉重的赋役,往往宁愿卖地于强宗巨族,依附其门下,甘愿做"耕豪民之田,见税什五"的佃农,由此进一步减少国家财政收入。立国之基础由此而被逐渐侵蚀和破坏,最终必将危及政权。换言之,强宗巨族或地方豪强兼并的实质,是与国家和政府争夺土地、人口和租税!这层利害关系,早在战国末期,韩非便说得极为清楚:"徭役多则民苦,民苦则权势起,权势起则复除重,复除重则贵人富。"(《韩非子·备内篇》)又云:"悉租税,专民力,所以备难充仓府也。而士卒之逃事状(藏)匿,附托有威之门,以避徭赋,而上不得者万数。"(《韩非子·诡使篇》)不言而喻,不论是有"权势"的"贵人",还是"有威之门",皆是兼并之家,强宗巨族或者地方豪强也。

强宗巨族或者地方豪强兼并小农家庭导致国家财政收入和可供驱使的服役人员减少,无疑是历代王朝施行"抑兼并"政策的理由所在。然而,从逻辑上说,倘若按照田地征收租税,则田地在小农家庭之手,或者在兼并之家手中,效果都是一样的。尤其是当一国中央政府强大之际,也并不难从兼并之家征收到足够的租税,征发到足够的服役人员,虽然相比一家一户的小农家庭,所要支付的实施成本或费用要高得多。如果漠视实施成本或费用之局限,逻辑上,"抑兼并"的提出,是否还有更为深层的原因?余以为有的。那便是,防止流民的产生。

道理简单:强宗巨族或地方豪强兼并小农家庭的田地之后,不可能将所有的小农家庭纳为其麾下的佃户。作为地主,他们要考虑土地的产出,也要考虑监管农民劳作的费用,那些生产力高且容易管理的小农家庭才会成为其佃户。因此,兼并必然会导致一部分失去土地的小农家庭流离失所,成为"流民"。"流民"为生计所迫之下,势必铤而走险。孟子云:"若民,则无恒产,因无恒心。苟无恒心,放辟邪侈,无不为己。"此之谓也。这样的"流民"一多,社会便会陷入动荡。一旦有天灾或者人祸(战争),就汇聚成颠覆政权的力量,改朝换代。

如果此论成立,那么其含意是说,土地兼并的主要危害,是兼并之后剩余的农业劳动力无从转移,导致这些"无立锥之地"的贫民成为"流民",引发社会动荡进而危及政权的存在。由此可以推出一个验证含意,即:如果剩余的农业劳动力有转移的处所,则其时之社会不会实施"抑兼并"。

这个验证含意在现代社会是不言自明的。当下的中国,正在大力推动土地流转集中,鼓励农业规模化经营;国外的发达国家和新兴市场国家,则无一不是采用大规模的农场经营方式运作。为什么?因为绝大部分的劳动力为工商业所吸纳了。那么,在传统中国,是否有可以验证该含意的历史事实?

回答是,有的。中国历史上,有一个朝代是"不抑兼并"的,那便是宋朝。

《宋史·食货志》云:"宋克平诸国……而又田制不立,圳亩转易,丁口隐漏,兼并冒伪,未尝考按,故赋入之利视前代为薄。""田制不立"的宋朝私人田庄发达,包括官僚、大商人、富民等各色人群通过赏赐、买卖或者继承等方式占有了大量土地。问题出现,土地兼并之下,大量失地农民何处去?官田和私人田庄吸纳了一部分农村劳动力——失地农民租赁官田或者私人田庄的土地耕作,成为客户(佃户),但从根本上解决失地农民生计问题的,是发达的城市工商业。城市工商业的发达,"五行八作"的出现,各行各业内部细密的分工,带来了旺盛的用工需求,消化了大部分农村剩余劳动力,化解了失地农民变成"流民"的难题。聊举一例。北宋元丰年间,官营的成都府锦院内,"大率设机百五十四,日用挽综之工百六十四,用杼之工百五十四,练染之工十一,纺绎之工百十一"(《锦官楼记》)。两宋是传统中国历史上的经济巅峰,工商业最为发达的时期,也是唯一"不抑兼并"的朝代,两者在同一时间出现,岂偶然哉!

"抑兼并"无果而终的根源

愿望是一回事,事实是另一回事。尽管几乎历朝历代都厉行"抑兼并"之政策,但从最终的结果看,大抵可怜无补费精神,效果杳然。战国七雄大都按"一夫百亩"的标准对百姓授田,但至战国末期,"无立锥之地"的人们越来越多;汉武帝考核地方官员的政绩,首问当地是否存在豪家大族占有的田宅数量超过规定,是否存在豪家大族依仗财雄势大欺凌贫穷弱势的百姓,但到得西汉末年,"诸侯王、列侯、公主、吏二千石及豪富民多畜奴婢,田宅亡限,与民争利,百姓失职,重困不足";西晋推行官品占田制,官员可拥有的土地数量与其官阶等级挂钩,以限制官员占有土地的数量,但司徒王戎"广收八方,园田水碓,周遍天下"(《晋书·王戎传》);唐朝亦对官员占田数量予以限制,但唐代宗时期任宰相的元载"城中开南北二甲第,室宇宏丽,冠绝当时。又于近郊起亭榭,城南膏腴别墅,连疆接畛,凡数十所,婢仆曳罗绮一百余人,恣为不法,侈僭无度"(《旧唐书·元载传》)……纵观传统中国之历史,始终纠缠于"兼并"与"抑兼并"之间,轮回往复。

"凡是现实存在的,都是符合理性的。"在一次次地"抑兼并"之后,"兼并"又一次次地发生,表明土地兼并现象的出现不是偶然的,而确乎有其内在的驱动力。这内在的驱动力,以经济学视之,主要来源于两方面：一是市场竞争下，优势劣汰，土地资源向善用者集中；一是"土地是财富之母"，作为人世间最重要的资产之一，权贵和豪门将土地视为财富累积的仓库，大加配置，多多益善。

在同样的初始条件下，譬如说，"一夫百亩"的授田制度下，农夫甲、乙、丙各分得一百亩耕地，但甲、乙、丙体力和耕作知识不同，生产力有异，必然导致同等的土地产出有高下。假设甲的产出最高，乙次之，丙最末，甲在缴纳租税、支付生活费用之后尚有积余，几年累积后购买了一头耕牛，生产力大幅提升，产出和积余随之大增。丙的生产力最低，缴纳租税、支付生活费用之后几无剩余，日子过得紧巴巴，一旦碰到灾年，为维持生计不得不将土地变卖给甲。买卖之下，甲的土地增多而丙的土地减少，土地资源向善用者集中，此即"兼并"也。这是"兼并"的内在驱动力之一。

但这不是传统中国"兼并"的主流。传统中国的兼并之家，主要是权贵，或者是皇亲国戚，或者是心腹大臣，还有就是"交通王侯"、与权门有着密切利益关系的工商大贾。他们兼并土地的主要目的，是为了累积财富，也即是将土地这一资产作为累积财富的仓库，将所得的收入不断地放入其中，从而导致占有的土地越来越多。经济学的理念，是资产的升值即代表着财富的增加，因此凡是资产都可以视为累积财富的仓库。累积财富的仓库可分为两种，一种是没有产出的资产，包括艺术作品、文物古玩、玉石珠宝等；一种是有产出的资产，包括土地、公司、人力、知识等。古代社会没有公司，也没有发明专利制度，在有产出的资产中，土地当然是最重要的也是首选的积累财富的仓库了，因为人会死去，但土地永远不会死，可以世世代代地传承下去。于是乎，无论是达官贵人还是工商大贾，无一例外地将钱投入了土地，"兼并"随之而起。这是传统中国"兼并"行为的主流，也是主导的内在驱动力。

是的，在上述两种动力的驱使下，传统中国的"抑兼并"，一次又一次地无果而终。

| 十四 |

田底与田面:"一田二主"为哪般?

明正德年间编撰的《江阴县志·风俗》载：

> 其佃人之田，视同己业，或筑为场圃，或构以屋庐，或作之坟墓，其上皆自专之，业主不得问焉。老则以分之子，贫则以卖于人，而谓之摧；得其财谓之上岸，钱或多于本业初价。

这一史料所记载的，便是所谓的"一田二主"。"一田二主"云者，顾名思义，是说同一块田地上有两个"主人"：一个是作为土地所有者的"业主"，另一个是向"业主"租赁土地耕作的"佃主"。与一般的土地租佃关系不同，"一田二主"之下的佃户，不仅能够自主决定土地的用途，也可以将其自由转让，不受地主的制约。从土地的角度看，"一田二主"是将土地一分为二，上下两层：下层为"田底"（或称之为田骨、大租），上层为"田面"（或称之为田皮、小租），前者的"主人"是土地所有者，后者的"主人"是租赁土地的佃户。"田底"与"田面"彼此独立，互相没有任何牵制。也即是说，"田底"主或"田面"主各自处置其土地时，不管是使用还是转让，不受另一方的约束，也不影响另一方的收入。

那么，"田底"与"田面"究竟是什么？"一田二主"又因何而起？

从产权看"一田二主"

罗纳德·科斯说得好：权利界定是市场交易的前提。物品的交易，不要从物品本身看，而是要从物品有什么权利以及权利谁属看。倘若要深入理解"一田二主"的本质，余以为，不能不从产权（资产权利）入手，舍此别无他途。

经济学说，产权的出现，需要有两个前提：其一是资源要稀缺；其二是人与人之间要有竞争。任何物品或者资源的产权，一定包含四种权利：1. 所有权；2. 使用权；3. 收入权；4. 转让权。

所有权是指资产谁属（资产是谁的？）。一块土地，你说是你的，只要你能拿出在政府部门注册登记的执照或者交易的法律证明，就是你的。在经济学上，所有权不重要。因为经济学研究的，是资源的使用效率，所有权的有与无，不影响资源的使用效率。当然，从财富的角度看，所有权是重要的。一块土地归你所有与不归你所有，你的财富状况大相径庭。

使用权是指资产谁有权使用（谁有权决定资产的用途）。一块土地，可以养牛，也可以种麦，但不可以兼用，谁有权决定，使用权就在谁手。有一个较为复杂的层面：使用权是我的，我可以自用，也可以通过合约安排给你用。这里便涉及随后讲到的转让权。

收入权是指享受资产及其带来的收入的权利。收入权的重点，和使用权一样，要有清楚的界定，也就是资源使用可以带来的所有收入要有清楚的权利界定，否则会带来租值消散（浪费）。

转让权是指资产转让的权利。转让权的存在是市场合约出现的前提,没有转让权,资产的市场交易无从谈起。另一方面,转让权的存在,必然表明该资产有私有的使用权和收入权。资产有私有的使用权和收入权,不一定有转让权,但有转让权,必定有私有的使用权和收入权。

总结来说,资产四权中,所有权不重要,因为其有无对资源使用效率没有影响;使用权和收入权很重要,因为使用权和收入权界定不清,会导致资源使用无效率或者说租值消散(浪费);转让权也很重要,因为没有转让权就没有市场交易。

以产权的视角来观照"一田二主",则容易了然:所谓的"一田二主",其实质,是所有权和使用权的分离。"田底"云者,所有权也;"田面"云者,使用权也。又因为"田底"与"田面"彼此独立,可以不受干扰地各自自由交易,显示着收入权和转让权的存在。因此,从资产四权的角度看,所谓"田底",是所有权、收入权和转让权的一束权利组合;所谓"田面",是使用权、收入权和转让权的一束权利组合。

一言以蔽之,"一田二主"的本质是资产权利的分离,核心要点是所有权和使用权的分离,加上收入权和转让权的分派。

"一田二主"是中国历史的常态

"一田二主"之现象,史家最初认为是明清时代特有的土地制度安排,这些年来又逐渐上溯至宋代、五代乃至唐末。但前面说过,"一田二主"的核心要点,是所有权和使用权的分离,再加上收入权和转让权的分派。以此观之,"一田二主"的土地制度安排,在中国历史上,乃是一种常态。自然,在不同的历史时期,"一田二主"有不同的表现形式。

西周和春秋时代的政治制度,是"封建"。"封建"云者,封土建国也。具体来说,就是"天子建国,诸侯立家,卿置侧室,大夫有贰宗,士有隶子弟"。周天子将土地分封给诸侯,诸侯再将土地分封卿、大夫,卿、大夫又将土地分封给子孙和家臣……一层一层地分封下去,到士为止。在这一制度安排下,周王朝所统治的疆域,实际上被分割成无数大大小小的地块。诸侯、卿、大夫在其封地之内拥有完全的政治、经济和军事权力,是一个独立的政治、经济和军事之实体。

"封建"的本质,是土地一层又一层的发放。从土地权利看,一方面,"普天之下,莫非王土;率土之滨,莫非王臣",作为中央政府的周王室名义上拥有天下所有的土地和子民。因此,天下一切土地的所有权,皆归于周天子。周天子是天下所有土地的"主人"。另一方面,发放给诸侯的土地,其使用权和收入权归诸侯,不过诸侯并不拥有转让权——不允许将土地转让给他人。诸侯发放给卿、大夫的土地,卿、大夫分封给子孙和家臣的土地亦如是。也即是一层一层发放给诸侯、卿、大夫、士的土地,其使用权和收入权为后者所享有。土地的使用权和收入权既界定为其私有,便是其"私产",后者也因此成为那些大大小小的地块的真正"主人"。

土地的所有权归属于周王,一层一层分封出去的土地之使用权和收入权则落于诸侯、卿、大夫和士之手。这是西周和春秋时代的"一田二主"。

太和九年，北魏孝文帝"下诏均给天下民田"，推行均田制。《魏书·食货志》载，该均田制度下的土地分配，是男子每人40亩"露田"，妇人每人20亩"露田"；家有奴婢者，则配以同等数量的"露田"。又规定，家里有成年耕牛的，上报政府后每头牛可分配30亩"露田"，但每户限报四头牛。所谓"露田"，是年老（超过70岁）或者身后要返还给政府的耕地，因而不准买卖。因拥有奴婢和丁牛所获的"露田"，当然也一样，"随有无以还受"。除露田之外，每户还分给"桑田"，男子每人20亩，限3年内种上五十棵桑树、五棵枣树和三棵榆树。桑田是世业，终身不还，世袭继承，也可以部分买卖，但不得越制——"盈者得卖其盈，不足者得买所不足，不得卖其分，亦不得买过所足。"

隋、唐的土地制度基本沿袭着北魏的均田制。隋朝对百姓的土地分配，是露田一夫授80亩，一妇授40亩，男丁每人另授永业田20亩。园宅则是"率三口给一亩，奴婢则五口给一亩"（《隋书·食货志》）。与北魏至隋的各王朝不同，唐代不再对妇女授田，除非是丧夫的女人。据新旧唐书食货志等史籍记载，唐代的授田之法，是凡18岁以上的男丁给田一顷，即100亩，其中80亩为口分田，20亩为永业田。口分田身后要还给官府，永业田则可世代继承。

在北魏、隋、唐的土地制度下，"露田"或者"口分田"由国家分配给农民，但年老或者身后要返还给国家，同时不得转让。这意味着"露田"或者"口分田"的所有权为国家所有，农民则享有土地使用权。耕作"露田"或者"口分田"要向国家缴纳田租，意味着土地的产出由两者瓜分。土地的所有权归属于国家，使用权落在农民之手，两者同时享有收入权。这是北魏、隋朝、唐朝的"一田二主"。

　　封建制度下的西周、春秋时代，以及北魏、隋、唐的均田制下，土地所有权归属于国家，其之"一田二主"，是国有土地制下的"一田二主"。宋朝盛行的"典卖"，则形成了土地私有制下的"一田二主"。宋代土地交易大抵有三种类型：一是"断卖"（"绝卖""断骨卖"）。顾名思义，是将土地卖断，也即是将包括资产四权在内的完整产权转移的土地断权成交；二是"典卖"。所谓"典卖"，是田主将田地出典于人，收取典价，在约定期限内原价回赎的土地交易；三是"卖田骨"（"卖田根""并根"）。这是在典卖基础上衍生出来的交易，即典主将所持的田根或者田骨出卖。典买人对此有优先购买权——当一块田地转典多次，存在多个典买人时，按承典土地的先后排列。如典买人不愿意购买，则可出卖于他人。

　　"典卖"交易下，合约期内，典主保留了土地所有权，典买人则握有土地使用权和收入权。"一田二主"也。当合约期满，典主回赎；或者典主将"田根"出卖给典买人（其有优先购买权），则"二主"重新合并为一主。

　　史家讨论最多的明清时代的"一田二主"则是另一种形态。明清嘉靖年间《龙溪县志》对此有简要的记录：

> 柳江之西，一田二主，其得业带米收租者，谓之大租田；以业主之田私相贸易、无米而录小租者，谓之粪土田。粪土之价视大租田十倍，以无粮差故也。

　　同一时期的《龙岩县志》对上述史料提及的"粪土田"作了解释：

粪土,即粪其田之人也。佃丁出银币于田主,质其田以耕。田有高下,则质有厚薄,负租则没其质。沿习既久,私相授受,有代耕其田者,输租之外,又出税于质田者,谓之小租。

这是说,佃农通过交纳押金从田主手中获得耕作权利,也即是佃权。押金随田地肥力的高下而变动,田地肥沃,押金高,田地贫瘠,则押金低。如有欠租,则从其押金中扣除。通过交纳押金获得佃权的佃农除自耕之外,也往往私下里转租给别的佃农而收取租金。

这也是私有土地上的"一田二主"。土地一分为二,拆分成上下两层:下层为"田底"(或称之为田骨、大租),主人是"田主";上层为"田面"(或称之为田皮、小租),主人是从"田主"那里取得佃权的"佃主"。前者拥有土地所有权,后者占有土地使用权,双方分享土地的收入权,并有各自的转让权,互不干扰。此为明清时代的"一田二主"。

实际上,当代中国的"家庭联产承包责任制",其本质也是"一田二主":土地所有权归属于国家(集体所有制),土地使用权则在农民之手。2006年1月1日《农业税条例》废除之前,两者分享收入权。废除之后,收入权为农民所独享。2019年1月1日实施的修订后的《农村土地承包法》引入了"三权分置",农民对承包土地的转让权获得法律界定。土地所有权归属于国家,土地使用权、收入权、转让权为农民所有。这是当代中国的"一田二主"。

"一田二主"的经济逻辑及其原因

上述可见,在中国历史上,"一田二主"不是特例,乃是普遍的一般现象。当然,在不同的历史时期,"一田二主"有着不同的形态。数千年来"一田二主"持久地存在这一史实,表明其存在有着坚实的内在逻辑。那么,这内在逻辑又是什么?

其实不复杂。前面分析产权时说得清楚:从经济学看,在资产四权即所有权、使用权、收入权和转让权中,所有权不重要,因为其有无对资源使用效率没有影响;使用权和收入权重要,因为使用权和收入权界定不清,会导致资源使用无效率或者说租值消散(浪费);转让权也重要,因为没有转让权就不会有市场交易出现。"一田二主"的核心要点,是所有权和使用权的分离。这两者的分离,并不会导致资源使用的无效率。只要使用权和收入权界定清楚,资源的使用便会有效率,加上转让权,则会带来活跃的市场交易活动。此即"一田二主"持久存在之经济逻辑也。

内在逻辑一致,但表现形式参差多姿。在不同历史时期,"一田二主"形态表现不一,那么,这差异从何而来?回答是,来自不同的成因和制度安排之意图。且以三种形态的"一田二主"略论之。

1. 封建制度下的"一田二主"。西周和春秋时代的"一田二主",土地的所有权归属于周王,一层一层分封出去的土地之使用权和收入权则落于诸侯、卿、大夫和士之手。这一制度安排的重点,是周王在将土地的使用权和收入权发放出去的同时,牢牢地掌控着天下土地的所有权、转让权。

为什么周王要将天下土地的所有权、转让权握于己手？道理简单。周朝推行封建制度，在东方大规模地分封同姓亲族和异姓功臣为诸侯的目的，是"以蕃屏周"或"为周室辅"。对周王室而言，保留土地所有权的主要用处，是可以协助维护中央权力，维护其对各国诸侯的掌控能力。倘若某诸侯对王室不忠，有叛逆之心，周王室可以名正言顺地剥夺其封地，改封他人。而不授予诸侯土地转让权，一方面是为了将诸侯持久地固定在某地，世代坚守，人民附地而生，以达到拱卫王室的目的——说过了，封建的初衷，是为了"以蕃屏周"；另一方面，则是为了防止诸侯通过兼并增强实力扩大势力范围，进而对王室形成挑战和威胁。

2. 宋朝"典卖"下的"一田二主"。"典卖"的一个要点，是随着田地的出典，依法向国家缴纳赋税的义务和责任也从田主转移至典买人。出典田地，必须推割税赋。在承典期间，有典买人的承担，如日后业主赎回土地，则税赋恢复如初。从《名公书判清明集》所载的一桩案件来看，田主在回赎上占有主动地位：

> 曾沂元典胡元珪田，年限已满，遂将转典与陈增。既典之后，胡元硅却就陈增名下倒祖（租），曾沂难以收赎。虽是比元钱差减，然乡原体例，各有时价，前后不同。曾沂父存日典田，与今价往往相远，况曾沂元立契自是情愿，难于反悔。若令陈增还足元价，则不愿收买，再令曾沂收赎，无祖可凭，且目今入务已久，不应施行。仍乞使府照会。

曾沂从胡元畦处承典田地，期满后，胡元畦没有按期赎回。曾沂便将田地以低于原典价的价格转典给陈增。胡元珪从陈增手里低价赎回了田地，致使曾沂利益受损。曾沂上诉，最终被驳回。此案可见，典主可以不按典买顺序，直接越过第一典买人而向第二典买人回赎。

明乎此，则"典卖"盛行于宋朝不难理解。宋朝工商业发达，劳动力流动自由，农民可以转业为工、为商。一个有地的农民，想进城经商、务工，但又想保留自己的田地同时不为赋税所累，田地"典卖"合约的出现，为此提供了一条绝佳的通道：一方面可以通过典卖获得一笔资金用于经商或协助务工、生活之用；另一方面，期满之后又能以原价赎回，从而免却了进退的后顾之忧。政府自然也乐见其成，因为"典卖"既不会造成赋税的流失，又能获取土地交易带来的契税收入。

三、明清时期的"一田二主"。杨国桢在其所著《明清土地契约文书研究》中认为，明清的"一田二主"，源起于永佃权，是由永佃权演变而来。那么，永佃权又从何而来？该书援引了两份永佃合约：

（一）乾隆九年北京房山县的过佃字据

立过佃户人张德兴，因有本身当差地一段，坐落在房山县西南娄子水村北，东西地计三亩，东至官道，西至邦茶为界，南至黄玉恒，北至道，四至分明。今情愿过与李泰名下永为佃户耕种，不准李姓另种另典，言明压租银三十五两正，年例小租钱五百文，准其客辞主，勿许主辞客。立字之后，如有另人争论，有取租张姓一面承管，不与佃户相干。此系两家情愿，各无返悔。恐口无凭,立过佃字一样两张,各执一张为证。

乾隆九年十月十五日　　立过佃字据人张德兴　　亲笔

(二) 雍正十年台湾的招佃契

立招佃人业户李朝荣,明买有大突青埔一所,坐落……四至明白,今有招到李恩仁,赖束、李禄亭、梁学俊等前来承瞨开垦,出得埔银六十五两正,情愿自备牛犁方建筑陂圳前去耕垦,永为己业。历年所收花利照庄例一九五抽的,及成田之日,限定经丈八十五石满斗为一甲,每一甲经租八石,车运到港交纳。二比甘愿,日后不敢生端反悔,增加减少亦不敢升合拖欠;如有拖欠定额,明官究讨。口恐无凭,立招佃一纸存在。(下略)

这两份合约,清楚地交代了永佃权的两大主要来源:一是佃农通过交纳押金获得永佃权;一是佃农通过投入改良土壤获得永佃权。永佃权,望文生义,是指永久的租佃权。容易推断,交纳押金获得永佃权的永佃合约,在经济发达地区常见;通过投入改良土壤获得永佃权的永佃合约,则往往出现在需要开荒的边境地区。

从产权的角度看,不管是通过哪种途径,对佃户而言,获得永佃权意味着其"买断"了土地使用权。又因为佃户不仅投入了劳力,还投入了资金、牛犁等生产要素,所以在收入权的分派中享有更多的份额,故而其向地主交纳的租金,远低于一般的租佃合约。经济学说得清楚,所谓生产,是各生产要素合作产出求利的过程。农业生产是土地、资金、种子、人力、牛、农具等生产要素一起合作产出，收获的农产品是合作产出的利益，需要在各生产要素之间进行瓜分。基于市场的收入分配原则，是按各生产要素的贡献进行分配，均衡下，各生产要素的收入向其边际产出看齐。永佃制下，地主所出的生产要素是土地，佃农则要出资金、人力、种子、牛犁等生产要素，土地产出的大部分当然为后者所享有。

问题是，永佃制下，佃户可以退佃——"准其客辞主，勿许主辞客"，但不得转让佃权——不准"另种另典"。而在"一田二主"制度下，佃户是可以自由转让其之"田面"的。不得转让的"永佃权"是如何演变为可以自由转让的"田面"权的？

这里的关键，余以为，是为两点：其一，不管是通过交纳押金还是通过投入改良土壤的方式获得永佃权，在佃户这一面说，是从地主手里获得了无限期的土地使用权，这其实意味着土地使用权的"断权"成交，即土地使用权从地主转移至佃户手中，加上分派的土地收入权，组成了佃户的私有产权。私有产权是市场交易的先决条件。这是"永佃权"转化为"田面"权的基础之一。其二，永佃合约中，地主收取的租金，不管是实物地租还是货币地租，一律是固定租额。地租有固定地租和分成地租两种，固定地租和分成地租的最大不同，对地主而言，是监管费用高下之别。分成地租下，地主会格外关注佃农的操作、土地的维护、种子的选择等多方面的事项，因为这直接关乎其收入的高下。但固定地租下，地主只关心地租是否足额及时到位，其他概不操心，更何况永佃合约中的地租远低于一般的地租，并往往有押金作为保障。实际上，只要地租交纳足额及时，地主明知佃户转租也可能装作视而不见，因为无损其利益。地主缺乏监管土地和佃户的意图和动力，为佃户的私下转让提供了空间。这是"永佃权"转化为"田面"权基础之二。两者合并,便出现了《龙岩县志》所说的"沿习既久,私相授受","永佃权"转化为"田面"权遂成事实,并最终成为大家普遍接受的"乡规""俗例"。是的,永佃制的出现,及其向"一田两主"的转化,不是什么佃户斗争的结果,而是内在经济逻辑的自然演化。

附录一

"肉食"与"鱼飧":上古社会为什么贵肉贱鱼?

春秋时，晋国君主晋灵公欲除掉执政的卿大夫赵盾，遂指使一名刺客伺机将其暗杀。这一件事情，《左传》和《公羊传》的记载有异。《左传》记载说，晋国力士鉏麑受命之后，于某日清晨潜入赵府，看到卧室的门开着，赵盾已穿戴齐整准备上朝，因为时间尚早，便坐着闭目养神。鉏麑一时感到两难：刺杀勤政为民的大臣，是为"不忠"；违背国君命令，是为"不信"。忠信两难全，他最终选择了自尽。《公羊传》则云：

> 于是使勇士某者往杀之，勇士入其大门，则无人门焉者；入其闺，则无人闺焉者；上其堂，则无人焉。俯而窥其户，方食鱼飧。勇士曰："嘻！子诚仁人也！吾入子之大门，则无人焉；入子之闺，则无人焉；上子之堂，则无人焉；是子之易也。子为晋国重卿而食鱼飧，是子之俭也。君将使我杀子，吾不忍杀子也，虽然，吾亦不可复见吾君矣。"遂刎颈而死。（《宣公六年》）

鉏麑与"勇士某者"无疑都是正义之士，不忍对赵盾痛下杀手，然又不能违背君主之命，两难之下最终只能对自己下手，一个"触槐而死"，一个"刎颈而死"。赵盾感动两名刺客的场景不一，感动鉏麑的,是他的勤政;感动"勇士某者"的,则是他的生活俭朴。生活俭朴表现于两个方面,一是手下使唤的仆人少。从大门到内院到厅堂,不见人影;一是饭菜寒酸。身为一国之执政大臣,晚饭却只有鱼佐餐。

"子为晋国重卿而食鱼飧,是子之俭也。"这句话明确地传达着一个信息,在上古社会的食谱中,鱼是普通的大众的食物,是属于"庶民"的食物。因此,身为晋国正卿的赵盾吃鱼,令刺客由衷地发出了"子之俭也"的感慨。

古人的食物,大抵可以分为三类,一是"草木之食",即谷物和各类植物;一是"鸟兽之肉",包括野生和养殖的禽类和兽类;一是包括"鱼鳖"在内的各种水产。在这三者中,最主要的食物是"草木之食","鱼鳖"次之,"鸟兽之肉"最不易得,最贵重。

在上古社会,肉类不是"庶人"即平民百姓所能染指的。吃肉是一种特权,体现着尊卑秩序。《左传·庄公十年》记齐师伐鲁,曹刿欲献策鲁庄公,其同乡劝阻道:"肉食者谋之,又何间焉?"《国语·楚语》记楚国大夫观射父论祭祀的牲物,尊卑等级森严:初一、十五的盛馔,天子的规格,是有一牛、一羊、一猪,祭祀则上供三牛、三羊、三猪;诸侯的规格,是有一头牛,祭祀则上供牛、羊、猪三牲;卿的规格,是有羊和猪,祭祀则上供一头牛;大夫的规格,是有一头猪,祭祀则上供一头羊;士的规格,是有烤鱼,祭祀则上供一头猪;庶人呢,吃素菜,祭祀时上供鱼。《礼记·王制》则云:"诸侯无故不杀牛,大夫无故不杀羊,士无故不杀犬豕,庶人无故不食珍。"孟子周游列国,向各国诸侯推销的治国方略,是"五亩之宅,树之以桑,五十者可以衣帛矣;鸡豚狗彘之畜,无失其时,七十者可以食肉矣;

百亩之田,勿夺其时,数口之家可以无饥矣;谨庠序之教,申之以孝悌之义,颁白者不负戴于道路矣。"在孟子设想的实行"王道"的美好社会,七十岁以上的老者才有机会经常吃肉!一言以蔽之,肉类珍贵,是贵者、老者之食物。

鱼则是普通的大众食物。《诗经》中屡屡提及鱼,"以鱼为喻"的诗篇不少。《诗经·小雅·无羊》有云:"牧人乃梦,众维鱼矣……大人占之;众维鱼矣,实维丰年。"东汉学者郑玄注释道:"鱼者,庶人之所以养也。今人众相与捕鱼,则是岁熟相供养之祥也。"说得清楚,鱼乃庶人之食物。此正与刺客看见赵盾晚饭吃鱼而感慨"子之俭也"互相印证、发明。

上古社会的肉贵鱼贱,在食用者的身份、地位中表达得一览无遗。那么,一个有趣的问题来了:肉、鱼贵贱之分因何而起?

答案其实不复杂:因为产出成本不同,肉类的产出成本要比鱼高得多。野生的动物和鱼类,狩猎与捕捞的难度和安全系数,不用说,根本不在一个层面上。同样的付出,后者的收获远比前者多且有保障。养殖亦然。牛、羊、猪等家畜的饲养,棚舍、饲料、人工等费用的支出,远在养鱼之上。中国最早的一部养鱼著作《养鱼经》,相传为生活于春秋晚期的"陶朱公"范蠡所写。全文四百多字,照录如下:

威王聘朱公问之曰:"闻公在湖为渔父,在齐为鸱夷子皮,在西戎为赤精子,在越为范蠡,有之乎?"曰:"有之。"曰:"公任足千万家,累亿金,何术?"朱公曰:"夫治生之法有五,水畜第一。水畜,所谓鱼池也。以六亩地为池,池中有九洲。求怀子鲤鱼长三尺者二十头,牡鲤鱼长三尺者四头,以二月上庚日内池中令水无声,鱼必生。至四月内一神守,六月内二神守,八月内三神守。神守者,鳖也。所以内鳖者,鱼满三百六十,则蛟龙为之长,而将鱼飞去,内鳖则鱼不复去。在池中周绕九洲无穷,自谓江湖也。至来年二月,得鲤鱼长一尺者一万五千枚,三尺者四万五千枚,二尺者万枚。枚值五十,得钱一百二十五万。至明年得长一尺者十万枚,长二尺者五万枚,长三尺者五万枚,长四尺者四万枚。留长二尺者二千枚作种,所余皆取钱,五百二十五万钱。候至明年,不可胜秆也。"王乃于后苑治地,一年得钱三十余万。池中九洲八谷,谷上立水二尺。又谷中立水六尺,所以养鲤者。鲤不相食,又易长也。

又作鱼池法,三尺大鲤,非近江湖,仓促难求。若养小鱼,积年不大。欲令生大鱼法,要须截取薮泽陂湖饶大鱼处,近水际土沙十数载,以布池底。二年之内,即生大鱼。盖由土中先有大鱼子,得水即生也。

范蠡认为,发财致富有五种路径,养鱼排在第一位。他举例说,六亩的鱼塘,农历二月上旬放养三尺长的怀卵雌鲤鱼二十条,三尺长的雄鲤鱼四条;四月往鱼池内放养一鳖,六月放养一鳖,八月又放养一鳖(鱼鳖混养之法)。到来年二月,便可收获一尺长的鲤鱼一万五千条,二尺长的鲤鱼一万条,三尺长的鲤鱼四万五千条,可得钱一百二十五万;再过一年,则可收获一尺长的鲤鱼十万条,二尺长的鲤鱼五万条,三尺长的鲤鱼五万条,除留下两千条二尺长的鲤鱼作种之外,可得钱五百二十五万;又过一年,则多得称不过来了。

《养鱼经》所列举的数据有误是没有疑问的,因为即便以当代的养鱼技术,也无法达到如此高的产量,更遑论两千多年前的春秋时期了。不过,这一细节的错失无关宏旨,重要的是它以非常具象的方式阐明了养鱼总体投入不高,但产出非常高,这意味着将成本分摊到每一条鱼,其产出成本是非常之低的。

牛、马、羊等的饲养,则需要大片的牧场、棚舍、饲料、人工等费用不菲,宋人曾有"一牛马所费,当五人之食"之说。不特此也。牛、马、羊等动物的繁殖能力也远逊于鱼类,可以说,后者为前者所望尘莫及也。两者相加,肉类产出的成本较之鱼自然要高得多。

"马牛羊,鸡犬豕。此六畜,人所饲。"实际上,同为六畜,其贵贱也不一。譬如说牛与猪,牛肉之价要高于猪肉,其之背后,当然也是因为成本不同。相较于猪,牛的出栏周期长,繁殖周期长且繁殖能力低,棚舍、饲料、人工等费用也在前者之上。实际上,从史实来看,与定位于"宴飨速宾"的猪不同,除非遇到祭祀之类的特别场景,古代中国的人们日常很少将牛、马作肉食之用。牛的主要用途是耕田,其次用于交通;马用于交通之外,在冷兵器时代,其核心用途是作为重磅的武器装备!

为什么古人以猪为肉之常食,而很少将牛、马作肉食之用?答案依然是成本的考量。这里的成本的重点,不在于养殖费用的高下,而是机会的选择。成本是什么?经济学说得清楚,成本是最高的代价,是放弃的最高价值的机会。这是说,成本是因为有选择而起,没有选择便没有成本。最高的代价往往不是单一机会的放弃,而是放弃的多个机会的组合。如果将牛、马作肉食之用,必须放弃其耕地、交通以及战争装备之用,"口腹之欲"的代价实在是太高了,故而不为也。需求定律使然也。商鞅在秦国主持变法,对盗窃牛、马者处以严刑,盗马者处死,偷牛者坐牢——"盗马者死,盗牛者加(枷)",可不是没有原因的。

附录二

"畎亩之勤":一头牛在农业生产中贡献几何?

《三字经》曰:"马牛羊,鸡犬豕。此六畜,人所饲。"不难明白,在众多的动物中,人类最终选择马、牛、羊、鸡、狗、猪作为家畜饲养,是长期驯化和淘汰之后的结果。六畜各有所用:"牛能耕田,马能负重致远,羊能供备祭器,鸡能司晨报晓,犬能守夜防患,猪能宴飨速宾。"(《三字经·训诂》)其实,从有文字记载的历史来看,牛最初大抵是作为祭祀、交通之用,用于耕田较为晚起。春秋末期,晋国的世族范氏、中行氏在内战中失势,其子孙逃到齐国务农为生。晋国大夫窦犨对此事有一个形象的比喻:"今其子孙将耕于齐,宗庙之牺为畎亩之勤。"(《国语·晋语》)其意是说,范氏、中行氏从晋国的世族沦落为齐国的农民,如同一头牛,原本是用作宗庙祭祀的,而今却堕为耕地的苦力。这一记载,表明其时牛耕已然出现。

在农业发展史上,铁制农具和牛耕的发明是一次重大的技术革命,带来了生产力的飞跃。出现于春秋时期的铁制农具和牛耕,至战国得到了大范围的推广应用,各国的土地使用效率和农作物产量均因之急升。铁制农具不论,这里单说牛耕。牛耕的引入,本质是畜力替代人力,效果是耕作效率的提升和农作物产出的增加。这增加的产出,不言而喻,是牛带来的贡献。那么,作为生产要素之一,在农作物的整体产出中,一头牛的贡献究竟占据几何?

以经济学的视角观之,所谓生产,是各生产要素合作产出求利的过程。农业生产是土地、种子、人力、牛、农具等生产要素一起合作产出,收获的农产品是合作产出的利益,需要在各生产要素之间进行瓜分。基于市场的收入分配原则,是按各生产要素的贡献进行分配,均衡下,各生产要素的收入向其边际产出看齐。因此,衡量各生产要素在全部产出中贡献几何,观察其收入可知矣。也即是说,欲知一头牛在农业生产中的贡献几何,看其在收获的农产品中的收入分配比例,就能得到答案。

之所以想到上述的问题,是因为翻阅史籍时看到了若干条史料,记载着不同朝代的耕牛的收入分成,很一致。

东汉末年,军阀割据,战乱不断,人民流离失所,土地荒芜,粮食生产因之大减,到处都是饥荒。《三国志·武帝纪》记载说,其时不少地方军队因为缺乏粮食,未经对手攻击便自行瓦解了——"自遭荒乱,率乏粮谷。诸军并起,无终岁之计,饥则寇略,饱则弃余,瓦解流离,无敌自破者不可胜数。"为了从根本上解决粮食短缺问题,建安元年,曹操听取羽林监枣祗的建议,任命任峻为典农中郎将,率先在河南许下(许昌)试点募民"屯田",当年便大获成功,"得谷百万斛"。曹操于是下令遍设"田官",将"屯田"政策推广至各地州郡,"数年中所在积粟,仓廪皆满"(《三国志·任峻传》)。"屯田"政策推行时,收入分配制度究竟如何设计,争论得非常激烈。《三国志·任峻传》引《魏武故事载令》云:

> 当兴立屯田,时议者皆言当计牛输谷,佃科以定。施行

后,祇白以为僦牛输谷,大收不增谷,有水旱灾除,大不便。反覆来说,孤犹以为当如故,大收不可复改易。祇犹执之,孤不知所从,使与荀令君议之。时故军祭酒侯声云:"科取官牛,为官田计。如祇议,于官便,于客不便。"声怀此云云,以疑令君。祇犹自信,据计画还白,执分田之术。孤乃然之,使为屯田都尉,施设田业。

从曹操的这段自白来看,其时关于"屯田"的收入分配方案,大抵有二:其一是沿袭传统做法的"计牛输谷,佃科以定",这是绝大多数人的意见;其一是枣祇提出并始终坚持的"分田之术",一士谔谔。所谓"计牛输谷,佃科以定",是屯户按照租种的土地和租用的官牛,向官府缴纳定额的田租和租牛费用。枣祇认为这种固定租额的制度设计,在收入分配上官府比较吃亏,因为大丰收时不增收,而遇到水旱灾害时又必须视灾情予以减免。为此他提出"分田之术",即废除固定租额的政策,引入收入分成制度,具体安排为"持官牛田者官得六分,百姓得四分,私牛而官田者与官中分"。也就是凡屯户自备耕牛的,粮食产出平分,即官府与屯户各得一半;如果租用官府耕牛,则粮食产出六四分成,即官府得六成,屯户得四成。

"屯田"的收入分成比例在西晋有变化,官府的收入分成,由六成或五成上升至八成或七成。泰始四年,御史中丞傅玄上疏晋武帝,建议恢复旧制,将官府的分成比例减少两成:

又旧兵持官牛者,官得六分,士得四分;自持私牛者,与官中分,施行来久,众心安之。今一朝减持官牛者,官得八分,士得二分；持私牛及无牛者，官得七分，士得三分，人失其所，必不欢乐。臣愚以为宜佃兵持官牛者与四分，持私牛与官中分，则天下兵作欢然悦乐，爱惜成谷，无有捐弃之忧。(《晋书·傅玄传》)

五胡十六国时期，前燕文明帝慕容皝注重农桑，将官田出租给百姓，收取八成或七成的收入——"以牧牛给贫家，田于苑中，公收其八，二分入私。有牛而无地者，亦田苑中，公收其七，三分入私。"记室参军封裕劝诫道："魏、晋虽道消之世，犹削百姓不至于七八，持官牛田者官得六分，百姓得四分，私牛而官田者与官中分，百姓安之，人皆悦乐。臣犹曰非明王之道，而况增乎。"(《晋书·慕容皝载记》)慕容皝遂取消田苑，将土地分给无田的百姓。

两宋"田制不立""不抑兼并"，土地租佃制度得到空前发展，租种他人田地的佃户大量出现。与之伴随而来的，是农业租赁的兴盛，除了田地之外，耕牛、农具也皆可租赁。北宋陈舜俞说："千夫之乡耕人田者九百夫，犁、牛、稼器无所不赁于人。"(《都官集》)宋代的耕牛租赁，不仅有官府出租，民间私人出租也很发达。不管是官府出租还是民间私人出租，租赁耕牛者当然要向牛主支付租金。宋代的牛租几何？南宋王炎在《上林鄂州书》中提到湖北鄂州一带的分成地租状况："若有田不能自耕，佃户税而耕之者，每亩乃得一斛一斗而已。有牛具种粮，主客以四六分，得一斛一斗；无牛具种粮者，又减少一分。"洪迈在《容斋随笔》中记录了其家乡的地租行情："予观今吾乡之俗，募人耕田，十取其五，而用主牛者，取其六，谓之牛米。"宋高宗建炎二年，诏令对河北、陕西、京东等路被金国俘虏的人家的田产加以保护,耕种上述田地的,要"依乡原体例,或以四六,或以三七均分"(《宋会要辑稿·食货》)。这是其时农产品收入分配的一般行情。在少部分地区,佃户的所得更少些,如陈舜俞提到,"以乐岁之收五之,田者取其二,牛者取其一,稼器者取其一,而仅食其一"(《都官集》)。

元代在两淮地区大规模屯田,一般由政府提供耕牛和种子。如果屯户自备耕牛,则与政府六四分成,屯户得六,政府得四;如果耕牛和种子皆由政府提供,则五五分成——"种者有牛,官给种,税十四;牛、种皆官,税其半。"(《两淮屯田打捕都总管记》)

从上述史料来看,从东汉末年到元代,田主与佃户之间的收入分成时有变动,或八二分成,或七三分成,或六四分成,或五五分成。田主与佃户的收入分成的变动,不仅与其时土地和劳力的相对稀缺状况有关,耕牛的归属也是其中的一个关键点。上述的史料清楚地显示,作为生产要素的牛,其收入分成比例历来很一致,即占据农产品收入的一成。如果耕牛为田主所有,则田主多一成收入;如果耕牛为佃户所有,则佃户收入多增一成。道理简单不过:这一成收入,是牛的产出贡献,当然要归牛的主人所有。

以此观之,作为生产要素之一,在农业生产中,一头牛的贡献几何之答案水落石出:各生产要素合作生产的农产品,其中有10%的贡献来自耕牛。

参 考 文 献

1. 张五常:《经济解释》(五卷本),北京:中信出版社2019年版。

2.《诗经》,上海:上海古籍出版社2006年版。

3.《尚书》,上海:上海古籍出版社2016年版。

4.《礼记》,上海:上海古籍出版社2016年版。

5.《左传》,上海:上海古籍出版社2015年版。

6.《国语》,上海:上海古籍出版社2015年版。

7.《荀子》,上海:上海古籍出版社1996年版。

8.《四书集注》,上海:上海古籍出版社1995年版。

9.《商君书》,长沙:岳麓书社2020年版。

10.《韩非子》,上海:上海古籍出版社1996年版。

11.《吕氏春秋》,上海:上海古籍出版社1996年版。

12.《史记》,上海:上海古籍出版社2011年版。

13.《战国策》,上海:上海古籍出版社2015年版。

14.《汉书》,北京:中华书局2007年版。

15.《三国志》,上海:上海古籍出版社2011年版。

16. 顾炎武:《日知录》,北京:中华书局2020年版。

17. 赵翼:《陔余丛考》,石家庄:河北人民出版社1990年版。

18. 赵翼:《廿二史劄记》,北京:中华书局2013年版。

19. 童书业:《春秋史》,上海:上海古籍出版社2003年版。

20. 童书业:《春秋左传研究》,上海人民出版社2019年版。

21. 吕思勉:《先秦史》,武汉:华中科技出版社2018年版。

22. 杨宽:《战国史》,上海:上海人民出版社2016年版。

23. 漆侠:《宋代经济史》,天津:南开大学出版社2019年版。

24. 孟元老:《东京梦华录》,郑州:中州古籍出版社2010年版。

25. 周密:《武林旧事》,郑州:中州古籍出版社2019年版。

26. 朱彧:《萍州可谈》,上海:上海古籍出版社2012年版。

27. 陈高华、史卫民:《元代经济史》,北京:中国社会科学出版社2020年版。

28. 马可·波罗:《马可·波罗游记》,北京:中国文史出版社2006年版。

29. 杨国桢:《明清土地契约文书研究》第3版,北京:北京师范大学出版社2021年版。

30. 黄仁宇:《明代的漕运》,北京:九州出版社2019年版。

31. 费孝通:《乡土中国》,北京:北京大学出版社2012年版。

32. 钱穆:《中国经济史》,北京:北京联合出版公司2014年版。